LES EXPLORATEURS FRANÇAIS

2e SÉRIE IN-4o

Paul Soleillet. (P. 95.)

LES

EXPLORATEURS

FRANÇAIS

DU CONTINENT NOIR

PAR

Fr. DESPLANTES

Officier de l'Instruction publique

Quarante-et-une gravures dans le texte et hors texte

LIMOGES

EUGÈNE ARDANT ET Cie

ÉDITEURS.

Une caravane

I
EXPLORATEURS ET EXPLORATIONS

I

Il n'y a pas que nos soldats et nos marins à risquer leur vie pour l'honneur du drapeau national et pour le développement de la puissance et de la fortune françaises, — écrivait naguère l'un de nos meilleurs publicistes. A côté de ces héros en uniforme, justement honorés, dont la glorieuse profession, faite d'esprit de sacrifice, de dévouement et d'intrépidité, consiste à défendre l'indépendance et le prestige de la patrie, il est d'autres héros, civils ceux-là, dont la mission, volontairement sollicitée, n'est ni moins noble, ni moins sainte. — Tels sont les explorateurs qui s'en vont à travers les pays barbares ouvrir et déblayer les voies à la civilisation.

Autant que les marins et les soldats, ces hardis missionnaires de la science et du travail, ont à affronter les privations, les fatigues, les dangers, les redoutables et chanceuses aventures, qui coûtent à plus d'un la santé et même la vie; autant qu'eux, ils ont besoin de déployer à chaque instant une abnégation que rien ne rebute, un courage et une force morale à toute épreuve; autant qu'eux, ils doivent avoir le patriotisme profondément chevillé au cœur.

Autant qu'eux, ils rendent d'inestimables services à leur pays, car, en ce moment surtout, où la lutte pour l'existence économique affecte une âpreté si impitoyable, la grandeur d'un peuple n'est pas faite seulement de trophées militaires, mais aussi de triomphes scientifiques, de victoires industrielles et commerciales.

II

« *Toujours plus loin*, telle est la devise des explorateurs... Qui saura jamais tout? qui jamais aura tout vu? L'homme a le vertige de l'inconnu. » Bien que notre époque se signale entre toutes « par l'ardeur des entreprises, la persistance des recherches, l'étendue des découvertes, l'importance des résultats, » de tout temps l'homme a eu ce *vertige de l'inconnu*.

Dans les siècles antiques, le divin Homère et le bon

Hérodote, les philosophes Thalès et Pythagore firent de merveilleuses découvertes. Le Carthaginois Hannon et le Grec Pythéas explorèrent les côtes de l'Afrique occidentale, et, après avoir visité la Bretagne et les bords de la mer Baltique, découvrirent l'Islande.

A une époque plus rapprochée de la nôtre, Marco Polo se lance à travers la Perse, la Tartarie et les Indes; les Diaz franchissent le cap de Bonne-Espérance; Vasco de Gama conquiert les Indes; Christophe Colomb et Améric Vespuce découvrent le Nouveau-Monde; Fernand Cortez s'empare du Mexique; Vincent Pinçon s'établit au Brésil.

Et que de marins audacieux et de navigateurs intrépides durant les deux ou trois siècles qui ont précédé le nôtre! Magellan, Sébastien Cano, Alvar de Mendana dans la Polynésie, Jean Cabot à Terre-Neuve, Barlow dans la Virginie, Raleigh en Guyane, Davis, Carteret, Cook, Vancouver, Tasman et bien d'autres encore... « Cartier et Champlain découvrant le Canada et remontant le Saint-Laurent, Jean de Ribault colonisant la Caroline, Tavernier explorant la Perse, les Indes, les Célèbes, Sumatra et Batavia, les Bougainville, les Chabert, les Borda, les La Pérouse ne sauraient être comptés parmi les ordinaires navigateurs. »

Tous ces hommes furent grands. Tous ils ont eu le vertige de l'inconnu aussi bien que les explorateurs de l'époque contemporaine.

C'est surtout vers l'Afrique — si voisine de nous et dont l'intérieur est encore si peu connu, — qu'ont été dirigés depuis un siècle, et principalement dans ces dernières années, les efforts des explorateurs. Avant de raconter les voyages et les travaux des Français qui se sont le plus illustrés par leurs explorations à travers le mystérieux *continent noir*, il est intéressant de jeter un rapide coup d'œil d'ensemble sur les grands voyages les plus remarquables effectués en Afrique depuis environ cent ans par les explorateurs de toutes les nations.

Voici tout d'abord François Levaillant, à qui nous consacrons plus loin un chapitre spécial. Français d'origine, Levaillant part de la colonie du Cap dans l'Afrique centrale, conduit à travers le pays des Hottentots ses longs convois tout en chassant le lion, l'hippopotame et la hyène vorace, trois terribles rôdeurs nocturnes; il arrive dans le pays des Gonaquois, passe en Cafrerie; se dirige vers le nord pour traverser le pays des petits Namaquois, et enfin rentre au Cap et en France, après avoir visité les grands Namaquois, les Honzouanais et les Bosjesmans.

C'est ensuite l'Ecossais Mungo-Park « qui pénètre dans le Kassou, visite les Maures du Ludamar et des autres royaumes limitrophes de la Négritie, traverse le Bambara, atteint le Niger et revient par la Sénégambie, après avoir résolu le problème de l'existence de ce grand fleuve qui coule dans le centre de l'Afrique. »

Puis viennent successivement :

L'intrépide René Caillié traversant le Maroc, le Sahara, le Soudan, réussissant à entrer à Tombouctou et à atteindre le Sénégal.

L'Allemand Henri Barth visitant le pays des Touaregs, pénétrant à Kano, dans le Soudan central, et rejoignant l'Océan atlantique en suivant le cours du Niger.

Livingstone, « le grand explorateur du continent noir, l'homme pour lequel rien ne semblait impossible, le type idéal des modernes voyageurs, mourant comme il avait vécu, sans peur et sans reproche. »

David Livingstone.

Burton, qui traverse l'Arabie, visite la Mecque et Médine, l'Egypte et le Soudan, un coin de l'Abyssinie, les grands lacs africains et revient par les côtes du Zanguebar.

Les capitaines Speeke et Grant à la recherche des sources du Nil et déclarant les avoir trouvées dans le lac Victoria, — ce qui peut être vrai.

Guillaume Lejean qui, après avoir visité le Monténégro et les côtes de l'Adriatique, s'avance jusqu'à

Les capitaines Speeke et Grant

Khartoum, sur les rives du Haut-Nil, en traversant la Turquie d'Europe et d'Asie et en remontant la vallée du Nil.

Mage explorant le cours du Sénégal et celui du Niger.

Schweinfurth qui, « conduit par le désir de trouver

quelques-uns des secrets du mystérieux continent, continue l'œuvre de Mungo-Park, de Speeke et de tant d'autres; et, de Souakim, à travers la Nubie, le Kordofan et le pays des Baggaras, va jusqu'au Tombouctou. »

Nachtigal qui, parti de la Tripolitaine, s'avance, à travers le Fezzan et le Sahara, jusqu'au Soudan, au Darfour et au Kordofan.

Cameron, qui traverse l'Afrique de part en part, des côtes du Zanguebar à l'Océan Atlantique.

Stanley, l'héroïque aventurier, parti à la recherche de Livingstone, multipliant ses voyages sur les rives du Congo et disparaissant au sein du continent noir. Est-il encore vivant?... ou bien a-t-il succombé sous les coups de sauvages assassins?... Nul ne le sait encore au moment où nous écrivons ces lignes. Pauvre Stanley! qu'est-il devenu? — se demandait-on encore à la fin de 1888. — « Sera-t-il une des si nombreuses victimes de cette terre africaine, qui *mange les hommes*, ou bien allons-nous, un de ces jours, le voir reparaître sur un point du littoral ou des rives du Congo? Vingt fois, depuis un an, sa mort a été annoncée, vingt fois elle a été démentie. En vérité, on ne sait rien de lui ni d'Emin Pacha, qu'il allait secourir (1). »

Le major Serpa Pinto visitant le Natal, le Transwaal, le Matabelé, le Benguela et traversant l'Afrique, de

(1) Depuis que ces lignes ont été écrites, Stanley est revenu de son grand voyage, apportant de nombreux renseignements sur les contrées mystérieuses de l'intérieur du continent noir. Il a été reçu en Angleterre avec un enthousiasme indescriptible et comblé d'honneurs par la reine. Il s'est marié et voyage en ce moment en Amérique avec sa compagne. — Emin Pacha, revenu à Zanzibar avec Stanley, a repris le cours de ses voyages en Afrique.

l'Océan Indien — au-dessous des bouches du Zambèze, — à l'Océan Atlantique.

Lenz allant de Tétouan à Tombouctou et revenant de la ville Sainte par le Sénégal et Saint-Louis.

Enfin, le colonel Galliéni avec son intrépide auxiliaire le lieutenant Caron, visiteur lui aussi de Tombouctou ; et Savorgnan de Brazza, créateur des établissements français au Congo, avec qui nos jeunes lecteurs feront bientôt plus ample connaissance.

III

Voilà, n'est-ce pas, une longue liste d'explorateurs de l'Afrique : Nous n'avons cependant mentionné que les principaux. — Voilà une magnifique légion de héros !... Que de secrets leur a livré le Continent Mystérieux ! — surtout depuis quinze ou vingt ans.

En juillet 1888, M. Edouard Petit traçait avec son talent habituel un rapide et remarquable tableau des résultats obtenus par les explorateurs français en Afrique.

« Envoyés de l'Etat ou simples citoyens, — disait-il, — s'efforcent à l'envi d'emporter d'assaut la citadelle africaine. Les découvertes se succèdent ; les voyageurs luttent d'audace ; une ardeur fiévreuse les emporte en avant. Toutes les contrées voisines de nos possessions sont entamées. Au nord, l'Algérie et la Tunisie sont parcourues, fouillées jusqu'à leurs plus extrêmes limites. Dans ce Sahara, où se sont illustrés les Duveyrier, les Mardochée, les Soleillet, les Largeau, où Joubert et Dournaux-Dupéré, où Roche et Flatters ont jalonné la route de leurs cadavres, le progrès avance à grands pas et déjà l'on parle de remplacer les caravanes, *ces flottes du désert*, comme disait le général Daumas, par des flottes véritables, et les vagues de sable par des lames réelles.

» Dans l'ouest africain, que d'œuvres et que d'ouvriers! N'a-t-on pas songé à jeter à travers des espaces désolés un gigantesque ruban de fer? N'a-t-on pas espéré unir la colonie de l'Occident à sa sœur du Nord? Le rêve est beau; et il faudra longtemps pour qu'on le réalise. Mais d'autres rêves sont déjà passés à l'état d'actes, qui ne semblaient pas de plus facile exécution que les projets de Roudaire ou bien de Duponchel. Qui eût supposé, il y a seulement dix ans, que les riverains du Sénégal échangeraient, en 1889, leurs richesses avec les peuplades du Niger, et que les marchandises, suivant la route de Galliéni, de Borgnis-Desbordes, de Caron, pénétreraient dans l'immense Soudan?

» Je ne sais rien de plus attachant et de plus dramatique dans toute l'histoire des découvertes géographiques que la lutte obstinée, constante et victorieuse que les explorateurs livrent le long des côtes baignées par l'Atlantique à la barbarie des hommes, à l'inclémence de la nature. Ici, Olivier de Sanderval d'une part, de l'autre le docteur Bayol, parcourent le Fouta-Djallon et y signent des traités avec le souverain du pays. Là, Bonnat s'introduit chez les Achantis, dont il étudie et révèle les mœurs sauvages; là, Brun suit la côte d'Or; là, Zweifel et Moustier découvrent les sources du Niger :

« Le *Caput Nili quœrere* (la recherche des Sources du » Nil), leur écrit l'armateur marseillais Verminck, est

» depuis longtemps le mot d'ordre des explorateurs. Le » problème est à la veille d'être résolu, mais celui de la » Source du Niger reste entier... Eh bien! prenons les » devants et qu'à nous revienne l'honneur de cette » initiative. Si votre voyage réussit et amène d'utiles » résultats, je désire que la France soit la première à en » profiter. »

« Et sur cet ordre, Zweifel et Moustier marchent en avant et ils arrivent à contempler les trois collines d'où sort « la tête de la grande eau. »

» Aux entreprises privées répondent les missions de l'Etat. Voici Marche et Compiègne qui reconnaissent le Cours de l'Ogooué. Voici Savorgnan de Brazza qui explore le même fleuve, qui, à travers mille obstacles, mille dangers, pieds nus, malade, blessé, atteint, par l'Alima, les rives du Congo, et qui dote sa patrie d'adoption d'un territoire plus grand qu'elle. Conquérant pacifique, il ne laisse pas derrière lui des ruines, il ne répand pas autour de lui la mort et la désolation. Ses armes sont la douceur, la patience et l'honnêteté; sa tactique, la persévérance. Stanley, le « démon terrible », parti des embouchures, qu'a-t-il vu en arrivant à l'endroit où le Congo est navigable? Il a vu le drapeau français, symbole de la paix et de la liberté, flottant sur les cases et les pirogues des nègres.

» L'Afrique orientale n'a pas fourni moins d'occasions à nos explorateurs pour trouver la gloire et aussi la mort au champ d'honneur de la science et de la civilisation. Ils s'avancent tous, de l'Océan Indien, de la mer Rouge, ils vont vers les grands lacs, vers le chaos montagneux de l'Abyssinie. Linant de Bellefonds tombe, assassiné près de Gondokoro, Pierre Arnoux est tué par les Danakils, l'abbé Debaize succombe à Oudjiji, Paul Soleillet est terrassé par la maladie à Obock ; mais qu'importe ! on serre les rangs comme pendant une charge et l'on continue le combat, et l'on enserre dans un cercle de découvertes le centre, de jour en jour plus rétréci, de la *Terre inconnue!* Et sur les traces des devanciers, de jeunes émules s'élancent, fascinés par l'attrait de l'inexploré et du mystérieux ! Et l'on affronte la soif, la morsure et la piqûre des bêtes, la fièvre, les guet-apens des indigènes, et l'on s'enfonce, comme Revoil, au pays brûlant et infertile des Comalis, et, comme Giraud, l'on traverse l'Afrique de part en part. »

François Levaillant

II

FRANÇOIS LEVAILLANT

I

François Levaillant était né en 1743 à Paramaribo, dans la Guyane hollandaise, où son père, riche négociant originaire de Metz, exerçait les fonctions de consul.

Dans les fréquentes excursions que toute la famille faisait dans la colonie, le jeune Levaillant, prit tout enfant, un goût prononcé pour l'histoire naturelle.

Il n'avait pas dix ans, dit un de ses biographes, que déjà il s'était composé une très jolie collection de chenilles, de papillons et de scarabées, collection dont sa jeune vanité faisait le plus grand cas, qu'il regardait comme un monument impérissable de sa gloire, et qui fut anéanti tout à coup, un jour, de la façon la plus inattendue.

Laissons-le raconter lui-même cet incident :

« Dans une de nos courses, nous avions tué un singe roux, de l'espèce à laquelle les naturalistes ont donné le nom de l'*allouate*, et que, dans le pays, on nomme *baboen*. C'était une femelle ; elle portait sur son dos un petit qui n'avait point été blessé ; nous les enlevâmes tous les deux. De retour à la plantation, mon singe n'avait pas encore désemparé des épaules de sa mère ; il s'y cramponnait si fortement que je fus obligé de me faire aider par un nègre pour l'en détacher ; mais à peine séparé, il s'élança comme un oiseau sur une tête de bois qui portait une perruque de mon père ; il l'embrassa de toutes ses mains et ne voulut absolument plus la quitter ; son instinct le servait en le trompant ; il se croyait sur le dos et sous la protection de sa mère ; il était tranquille sur cette perruque ; je pris le parti de l'y laisser et de le nourrir avec du lait de chèvre ; son erreur dura environ trois semaines, après quoi, s'émancipant de sa propre autorité, il abandonna la perruque nourricière, et devint, par ses gentillesses, l'ami et le commensal de la maison.

» Je venais d'établir, sans m'en douter, le loup dans la bergerie. Un matin que je rentrais dans ma chambre, dont j'avais eu l'imprudence de laisser la porte ouverte, je vis mon indigne élève qui faisait son déjeuner de ma superbe collection : mon premier mouvement fut de l'étouffer dans mes bras ; mais le dépit et la colère firent bientôt place à la pitié, quand je m'aperçus qu'il s'était livré lui-même, par sa propre gourmandise, au plus cruel supplice. Il avait, en croquant les scarabées, avalé les épingles qui les enfilaient ; c'était en vain qu'il faisait mille efforts pour les rendre. Ses tourments me firent oublier le dégât qu'il me causait ; je ne songeai plus qu'à le secourir. Mes pleurs et tout l'art des esclaves de mon père, que j'appelais de tous côtés à grands cris, ne purent le rendre à la vie.

» Cet accident me renvoyait fort loin sur mes pas ; mais il ne put me rebuter. Je me livrai bien vite à de nouvelles recherches, et non content d'un trésor, j'en voulus réunir plusieurs. Je songeai, par une progression naturelle, aux oiseaux. Nos chasseurs ne m'en fournissaient point assez à mon gré. Je m'armai de la sarbacane et de l'arc indien ; en peu de temps, je m'en servis avec beaucoup d'adresse ; je passais les journées entières à l'affût ; j'étais devenu un chasseur déterminé. Ce fut alors qu'on s'aperçut et que je sentis moi-même que ce goût se changeait en passion : passion vive qui troublait jusqu'aux heures du sommeil, et que les années n'ont fait que fortifier. »

Revenu en Europe avec ses parents, en 1763, François Levaillant séjourna pendant neuf ans, tantôt à Metz, tantôt en Allemagne et en Alsace. Là, encore, il s'occupa d'histoire naturelle, passant son temps à tuer et à empailler des oiseaux : grâce à ses continuels travaux en ce genre, il apprit bientôt « à distinguer d'une manière certaine, invariable, les sexes et les variétés d'âge. »

Enfin, à vingt-quatre ans, Levaillant vint à Paris, où il visita et étudia avec ardeur toutes les collections importantes. Mais la désillusion suivit de près l'enchantement du premier moment. Nulle part il ne rencontrait une classification qui le satisfît. Bientôt, dit-il, « je ne vis plus dans cet amas de dépouilles étrangères, qu'un dépôt général où les différents êtres, rangés sans goût et sans choix, dormaient profondément pour la science. »

Alors, raconte le biographe déjà cité, naquit en lui le désir, le besoin de demander à la nature elle-même les moyens d'acquérir de nouvelles connaissances et de rectifier les anciennes ; dans ce but, il forma le projet d'explorer quelque partie du globe qui n'eût pas encore été fouillée. L'intérieur de l'Afrique était presque inconnu ; ce fut ce pays qu'il choisit comme le plus propre à réaliser toutes ses espérances. Après un séjour de trois ans à Paris, il en partit donc le 17 juillet 1780, et arriva, le 20 mars de l'année suivante, au cap de Bonne-Espérance.

L'Angleterre et la Hollande étaient en guerre. Le gouvernement hollandais, dans la crainte d'une surprise, donna l'ordre à tous les navires de la Compagnie de se réfugier dans la baie de Saldanha. Cette circonstance semblait si bien favoriser les desseins de Levaillant, qu'il partit avec la flotte sur le *Midelburg*. Trois mois de séjour dans la baie lui suffirent, en effet, pour rassembler une collection considérable et précieuse d'oiseaux, de coquilles, d'insectes et de madrépores ; mais un événement funeste le priva en un instant du fruit de ses courses et de ses travaux ; une escadre anglaise parut dans la baie ; le combat s'engagea pendant que Levaillant était à terre et chassait; tous les vaisseaux hollandais furent bientôt abandonnés, à l'exception du *Midelburg* que son capitaine fit sauter plutôt que de le laisser aux mains des Anglais. Avec le *Midelburg* sautèrent les collections et la fortune de Levaillant.

« Quelle était, s'écrie-t-il, ma position après une aussi terrible aventure! sans titre, sans état, sans commission, à deux mille lieues de ma famille, de mes amis, de ma patrie adoptive, n'ayant pour toute ressource que mon fusil, dix ducats dans ma bourse, et le mince habit que je portais; quel parti me restait-il à prendre, et qu'allais-je devenir? Toutes ces idées vinrent me frapper à la fois, et je sentis couler mes larmes. Il me passa par l'esprit qu'un colon que j'avais vu plusieurs fois dans mes courses, et qui n'était qu'à quatre lieues de là, voudrait bien me garder chez lui jusqu'à ce que j'eusse reçu des secours de ma famille. Je me traînai donc jusqu'à sa demeure solitaire. Je demandai l'hospitalité; mon malheur était peint sur ma figure. Le sensible Slaber me tendit les bras, et, me prenant par la main, il me présenta sur-le-champ à sa famille. Dès le lendemain, j'imitai la constante hirondelle dont on a impitoyablement brisé le nid; je revins, non sans tristesse, à l'A, B, C de ma collection. »

Quelques jours après, le fiscal de la colonie, M. Boers, ayant découvert la retraite qu'il s'était choisie, vint le voir chez Slaber, et lui dit : « Monsieur, vous n'oublierez pas que vous m'êtes recommandé. L'instant qui vous voit malheureux est aussi le moment où je dois à mon tour mériter la confiance des amis qui ont compté sur moi; je ne la trahirai point. Ma maison, ma table, les secours les plus pressés, je vous offre tout; reprenez courage; dressez de nouvelles batteries; revenez à vos plans, et n'attendez pas, pour commencer vos voyages, les nouvelles incertaines d'Europe. C'est à moi de pourvoir à ces détails. Acceptez, il le faut; je le veux. »

Levaillant ne pouvait refuser une offre faite de cette manière et qui répondait si bien à son vœu le plus ardent. Après quelques mois employés à préparer tout ce qui lui était nécessaire, il commença ses voyages dans l'intérieur de l'Afrique; sa première direction fut à l'est du Cap; il visita la terre de Natal et pénétra dans la Cafrerie. Dans sa seconde excursion, il se dirigea vers le nord, parvint, après toutes sortes de vicissitudes, jusqu'à des régions inexplorées; mais, obligé de renoncer à l'exécution complète de ses projets, dont l'impossibilité lui était de plus en plus démontrée, il revint au Cap où il s'embarqua pour retourner en Europe. Il rentra dans Paris au commencement de 1785; son absence avait duré cinq ans; mais elle n'avait pas été sans profit pour la science : ce fut Levaillant qui donna, le premier, une connaissance exacte de la girafe; il agrandit le domaine de l'histoire naturelle, par la découverte d'un grand nombre de mammifères, d'insectes et surtout d'oiseaux; il étudia et décrivit, avec l'exactitude la plus scrupuleuse, les mœurs et les usages des diverses peuplades hottentotes.

De retour dans sa patrie, son unique soin fut de mettre en ordre ses collections, de classer ses observations, et d'écrire la relation de ses voyages. La Révolution le surprit au milieu de cette paisible occupation; il fut jeté en prison comme suspect, en 1793; il recouvra la liberté le

9 thermidor et reprit ses travaux, auxquels il consacra le reste de son existence.

Levaillant mourut le 22 novembre 1824, à La Noue, près de Sézanne, à l'âge de soixante et onze ans, dans une petite propriété où il avait passé toute la dernière partie de sa vie.

Les principaux ouvrages publiés par Levaillant sont : *Voyage dans l'intérieur de l'Afrique par le cap de Bonne-Espérance, dans les années* 1781-83 ; *Second voyage dans l'intérieur de l'Afrique, dans les années* 1783-85 ; *Histoire naturelle des oiseaux d'Afrique ; Histoire naturelle d'oiseaux nouveaux et rares de l'Amérique et des Indes ; Histoire naturelle des Perroquets ; Histoire naturelle des oiseaux de paradis.*

Ses récits, d'abord suspectés, sont aujourd'hui appréciés avec plus de justice : il a décrit avec soin beaucoup d'animaux précédemment inconnus.

II

Levaillant, nous l'avons vu plus haut, fut l'un des premiers Européens qui entreprirent des voyages d'exploration dans l'intérieur de l'Afrique. Nous n'avons point l'intention de le suivre pas à pas dans ses excursions en Hottentotie et en Cafrerie. Nous nous bornerons seulement à donner, à la suite de la courte esquisse biographique que l'on vient de lire, certains détails et quelques épisodes de son séjour dans ces contrées qui étaient alors presque totalement inconnues. Et pour cela, nous ne saurions mieux faire que de citer le voyageur lui-même.

Et d'abord, comment Levaillant s'organisa-t-il pour

effectuer un aussi long voyage dans un pays inconnu et dépourvu de chemins frayés? — J'avais fait construire, dit-il, « deux grands chariots à quatre roues, couverts d'une double toile à voiles; cinq grandes caisses remplissaient exactement le fond de l'une de ces voitures, et pouvaient s'ouvrir sans déplacement. Elles étaient surmontées d'un large matelas sur lequel je me proposais de coucher durant la marche, s'il arrivait que le défaut

de temps ou toute autre circonstance ne me permît pas de camper; ce matelas se roulait en arrière sur la dernière caisse, et c'était sur lui que je plaçais ordinairement un cabinet ou caisse à tiroirs, destiné à recevoir des insectes, des papillons et tous les objets un peu fragiles qui demandaient plus de ménagement. Une des cinq caisses était remplie, par compartiments, de grands flacons carrés qui contenaient chacun cinq à six livres de poudre; ce n'était là, du reste, que pour les détails et les besoins du moment. Le magasin général, établi dans ce même chariot que nous appelions le *chariot-maître,* était composé de plusieurs petits barils. Pour les préserver du feu ou de l'humidité, je les avais fait rouler séparément dans des peaux de mouton fraîchement écorchées. Cette enveloppe, une fois séchée, était absolument impénétrable : tout calculé, je pouvais compter sur quatre à cinq cents livres de poudre, et deux mille au moins de plomb et d'étain, tant en saumon que façonné. De seize fusils, j'en avais douze sur ma voiture; l'un de ces fusils, destiné pour la grande bête, comme rhinocéros, éléphant, hippopotame, portait une balle d'un quart de livre. Je m'étais muni, outre cela, de plusieurs paires de pistolets à deux coups, d'un grand cimeterre et d'un poignard.

« Le second chariot offrait, en caricature, le plus plaisant attirail qu'on n'ait jamais vu; mais il ne m'en était pas pour cela moins cher! c'était ma cuisine. Les meubles n'en étaient pas considérables; j'avais un gril, une poële à frire, deux grandes marmites, une chaudière, quelques plats et assiettes de porcelaine, des cafetières, des tasses, des théières, des jattes, des bouilloires.

» Outre cela, pour moi personnellement, je m'étais muni de linge de toute espèce, d'une bonne provision de sucre blanc et candi, de café, de thé, et de quelques livres de chocolat.

» Je devais fournir du tabac et de l'eau-de-vie aux Hottentots, qui faisaient ce voyage avec moi; aussi avais-je une forte provision du premier article, et trois tonneaux du second. Je voiturais encore une bonne pacotille de verroteries, de quincailleries et d'autres curiosités, pour faire, suivant l'occasion, des échanges ou des amis. Joignez à tous ces détails de ma caravane, une grande tente, une canonnière ; les instruments nécessaires pour raccommoder mes voitures, pour couler du plomb ; un cric, des clous, du fer en barre et en morceaux, des épingles, du fil, des aiguilles, quelques eaux spiritueuses, et vous aurez une idée parfaite de ce ménage ambulant. Telle était la charge de mes deux voitures qui pouvaient peser quatre à cinq milliers chacune.

» Mon train était composé de trente bœufs — vingt pour les deux voitures, et les dix autres pour relais, — de trois chevaux de chasse, de neuf chiens et de cinq Hottentots ; j'augmentai considérablement, par la suite, le nombre de mes animaux et de mes hommes. Celui de ces derniers alla quelquefois jusqu'à quarante. »

III

Levaillant parcourait déjà depuis quelque temps la Hottentotie, lorsqu'il rencontra des éléphants pour la première fois. C'était dans le « beau pays d'Auteniquois. » Voici le récit émouvant de la première chasse de ces énormes pachydermes à laquelle il se livra :

« Je campais, dit-il, depuis longtemps déjà entre deux rivières, le Witte-Dreft et le Queur-Boom, non loin de la baie de l'Agoa. J'avais tué des buffles et augmenté ma collection de plusieurs beaux oiseaux. Mais les succès que j'obtenais ne parvenaient point à me distraire d'un vif désir conçu depuis longtemps, et que je n'avais pu trouver encore l'occasion de satisfaire : celui de chasser l'éléphant. Je désespérais d'avoir jamais ce bonheur, lorsque, dans une course au bois du Poort, je vis, sous mes pas, des traces d'une troupe d'éléphants qui devaient avoir passé le jour même.

» Dans le nombre de mes Hottentots, j'en avais un qui, dans sa jeunesse, avait voyagé jusque-là avec sa horde et sa famille; il avait encore une connaissance superficielle du pays; je le choisis avec quatre autres bons tireurs, et, munis de quelques provisions, nous suivîmes les traces que nous ne perdîmes pas un seul instant de vue. Elles nous conduisirent à la nuit, sans que nous en eussions rien découvert autre chose. Nous soupâmes gaiement, et, après avoir fait un grand feu, nous nous couchâmes autour. Quoique chacun de nous eût affecté d'inspirer à ses compagnons des sentiments de patience et de courage, un mouvement d'inquiétude et de crainte nous tourmentait également, et personne ne jouit d'un sommeil paisible. Au moindre souffle, au plus léger bruissement d'une feuille, nous étions aux écoutes et bientôt sur nos gardes. La nuit s'écoula dans ces petites agitations; dès la pointe du jour, j'excitai les dormeurs avec mes cris; leur toilette ne fut pas longue. Nous reprîmes bientôt la trace. Cette seconde journée s'écoula tristement et ne fut pas plus heureuse que la première. Enfin, le troisième jour, n'ayant pas un seul moment perdu de vue la trace de nos animaux, nous parvînmes, après quelques heures de fatigues et de marches pénibles au milieu des ronces, à un endroit du bois fort découvert. Nous nous arrêtons. Un de mes Hottentots, qui était monté sur un arbre pour observer, après avoir jeté les yeux de tous côtés, nous fait signe, en mettant un doigt sur sa bouche, de rester tranquilles; il nous indique, avec la main qu'il ouvre et ferme plusieurs fois, le nombre d'éléphants qu'il aperçoit. Il descend; on tient conseil, et nous prenons le dessous du vent, pour approcher sans être découverts. Il me conduit si près, à travers les broussailles, qu'il me met en présence d'un de ces énormes animaux. Nous nous touchions, pour ainsi dire; je ne l'apercevais pas! Non que la peur eût fasciné mes yeux; il fallait bien ici payer de sa personne et se préparer au danger. J'étais sur un petit tertre, au-dessus de l'éléphant même. Mon brave Hottentot avait beau me le montrer du doigt, et me répéter vingt fois d'un ton impatient et pressé : « Le voilà!... Mais le voilà!..... » Je ne le voyais toujours point; je portais la vue beaucoup plus loin, ne pouvant pas imaginer que ce que j'avais à vingt pas au-dessous de moi pût être autre chose qu'une portion de rocher, puisque cette masse était entièrement immobile. A la fin, pourtant, un léger mouvement frappa mes regards. La tête et les défenses de l'animal, qu'effaçait son énorme corps, se tournèrent avec inquiétude vers moi. Sans perdre ni mon temps, ni mon avantage en belles contemplations, je pose vite mon gros fusil sur son pivot, et lui lâche mon coup au milieu du front. Il tombe mort.

» Le bruit en fit sur-le-champ détaler une trentaine qui s'enfuirent à toutes jambes. Je prenais plaisir à les examiner, lorsqu'il en passa un à côté de nous, qui reçut un coup de fusil d'un de mes gens. Aux excréments teints de sang qu'il répandit, je jugeai qu'il était dangereusement blessé; nous commençâmes à le poursuivre. Il se couchait, se redressait, retombait; mais toujours à ses trousses, nous le faisions relever à coups de fusil. L'animal nous avait conduits dans de hautes broussailles parsemées çà et là de troncs d'arbres morts et renversés. Au quatorzième coup, il revint furieux contre le Hottentot qui l'avait tiré; un autre l'ajusta d'un quin-

Les Eléphants

zième qui ne fit qu'augmenter sa rage. J'étais à vingt-cinq pas; je portais mon fusil qui pesait trente livres, outre mes munitions. Je ne pouvais être aussi dispos que mes gens qui, ne s'étant pas laissé emporter aussi loin, avaient d'autant plus d'avance pour échapper à la trompe vengeresse et se tirer d'affaire. Je fuyais; mais l'éléphant gagnait à chaque instant sur moi. Plus mort que vif, abandonné des miens, dont un seul accourait dans ce moment pour me défendre, il ne me reste que le parti de me coucher et de me blottir contre un gros tronc d'arbre renversé; j'y étais à peine que l'animal arrive, franchit l'obstacle, et, tout effrayé lui-même du bruit de mes gens qu'il entend devant lui, s'arrête pour écouter. De la place où je m'étais caché, j'aurais bien pu le tirer; mon fusil heureusement se trouvait chargé; mais la bête avait reçu inutilement tant d'atteintes, elle se présentait à moi si défavorablement que, désespérant de l'abattre d'un seul coup, je restai immobile, en attendant mon sort.

» De mes cinq compagnons, il n'y avait, comme je viens de le dire, qu'un seul qui ne m'eût pas abandonné; c'était un Hottentot, nommé Klaas, qu'un de mes amis, avant mon départ du Cap, m'avait donné comme un homme sur la bravoure et la fidélité duquel je pouvais compter. Klaas, m'ayant vu tout à coup disparaître, accourait à mon secours et me cherchait vainement. Je l'entendais, à travers les broussailles, m'appeler d'une voix étouffée, puis s'adresser à ses camarades qui le suivaient d'un peu loin, humiliés, confondus, et leur reprocher leur lâcheté au milieu du péril.....

» Cependant, j'observais toujours l'éléphant, résolu à lui vendre chèrement ma vie, si je le voyais revenir à moi. Mes gens, ralliés par Klaas, m'appelaient de tous côtés; je me gardais bien de répondre. Convaincus, par mon silence, qu'ils ont perdu leur chef, ils redoublent leurs cris, et reviennent en désespérés. L'éléphant, effrayé, rebrousse aussitôt, et saute une seconde fois le tronc d'arbre, à six pas au-dessous de moi, sans m'avoir aperçu. Alors, me remettant sur pied, échauffé d'impatience, et voulant donner à mes Hottentots quelque signe de vie, je lui envoie un coup de fusil dans la culotte. Il disparaît entièrement à mes regards, laissant partout sur son passage des traces certaines du cruel état où nous l'avons mis.

» Mon coup de fusil fut un signal de joie; je me vis à l'instant entouré des miens et pressé dans les bras de mon cher Klaas avec des étreintes si vives qu'il ne pouvait se détacher de mon corps. Depuis ce jour heureux de ma vie, où j'ai connu la douceur d'être aimé purement et sans aucun mélange d'intérêt, le bon Klaas fut déclaré mon égal, mon frère, le confident de mes plaisirs, de mes disgrâces, de mes pensées; il a plus d'une fois calmé mes ennuis et ranimé mon courage abattu.

» Après avoir employé près d'une journée à dépecer l'éléphant que j'avais tué, nous essayâmes de retrouver la piste de celui qui m'avait laissé la vie, et que nous avions si cruellement maltraité; mais il en était venu tant d'autres pendant la nuit, que les traces se trouvèrent confondues. Nous étions d'ailleurs si fatigués, je craignais tant de rebuter ces pauvres gens, que nous reprîmes au plus vite le chemin de notre camp.

» A notre retour, mon vieux Swanepoël me dit que, pendant mon absence, il avait été toutes les nuits inquiété par des troupes d'éléphants qui s'étaient si fort approchés, qu'on les entendait casser les branches et brouter les feuilles; je fis un tour dans la forêt, et je vis effectivement quantité de jeunes arbres cassés, de branches dégarnies et de jeunes pousses dévorées.

» C'en était assez pour me remettre en campagne. Mes gens avaient eu tout le temps de reposer; j'aimais mieux aller surprendre de jour ces animaux, que de les attendre chez moi pendant la nuit. Dès le matin, je me mis sur la piste; je ne fus pas obligé de courir bien loin; car, du haut d'une colline, à la lisière du bois, j'en aperçus quatre dans de fortes broussailles; je fis en sorte de n'en point être éventé; et, m'approchant avec précaution, je me donnai le plaisir de les considérer à mon aise pendant plus d'une demi-heure; ils étaient occupés à manger les extrémités des buissons. Avant de les prendre, ils les frappaient de trois ou quatre coups de trompe; c'était, je crois, pour en faire tomber les fourmis ou d'autres insectes. Après ce préliminaire, ils formaient, toujours avec la trompe, un faisceau de toutes les branches qu'elle pouvait entourer, et, le portant à la bouche, toujours de gauche à droite, sans le broyer beaucoup, ils l'avalaient. Je remarquai qu'ils donnaient la préférence aux branches les plus garnies de feuilles, et qu'ils étaient en outre très friands d'un fruit jaune, qu'on nomme cerisier dans le pays.

» Lorsque j'eus suffisamment examiné leur manège, je tirai à la tête celui qui se trouvait le plus près de moi, et, en moins de dix minutes, je mis de même les trois autres à terre. Il n'y avait, parmi ces quatre animaux, qu'un jeune mâle de sept pieds un pouce de hauteur; ses défenses ne pesaient pas plus de quinze livres chacune. Je trouvai leur estomac rempli d'une eau très limpide; mes gens en burent; j'en voulus goûter aussi;

mais elle me donna des nausées si désagréables, qu'autant pour en faire passer le goût que pour me rafraîchir, je m'en allai boire à une fontaine éloignée d'un quart de lieue de l'endroit où nous étions.

» J'avais laissé mes gens occupés à dépecer nos éléphants. Revenu de la fontaine, au bout d'une demi-heure, je trouvai bien extraordinaire de n'en plus apercevoir un seul. Que pouvait-il être arrivé qui les eût forcés d'abandonner l'ouvrage? Je ne pouvais concevoir la cause de cette désertion subite. Je me mis à crier de toutes mes forces, pour les rappeler, s'ils pouvaient m'entendre; je fus bien étonné lorsque, à ma voix, je les vis sortir tous quatre des corps des éléphants dans lesquels ils s'étaient introduits, pour en détacher les filets intérieurs qui, après les pieds et la trompe, sont les morceaux les plus délicats. »

IV

En quittant le pays d'Auteniquois, Levaillant se dirigea vers celui des Gonaquois par l'Ange-Kloof, interminable vallée resserrée entre des montagnes pelées et arides. Souvent, dans ces pays sauvages, il lui arrivait de passer une partie de la nuit à faire le coup de fusil pour écarter de son camp la troupe vorace des hyènes. Très bien accueilli par Haabas, le chef des Gonaquois, le voyageur consacre plusieurs pages intéressantes à faire connaître cette population douce et paisible.

« Les Gonaquoises, et les Hottentotes en général, aiment la toilette; mais ce n'est pas au point de négliger les occupations utiles et journalières auxquelles la nature et leurs usages les appellent. L'enfant, aussitôt qu'il est né, ne quitte point le dos de sa mère, où il est fixé par deux tabliers, dont l'un le presse contre elle, pendant que l'autre, attaché avec des courroies, le soutient et l'em-

pêche de glisser. Soit que la mère aille à l'ouvrage, soit qu'elle se rende au bal, et même qu'elle y danse, elle ne se débarrasse point de son cher fardeau; le marmot, dont on n'aperçoit que la tête, ne pleure jamais, ne pousse aucun vagissement, si ce n'est lorsqu'il éprouve le besoin de téter; la mère alors le fait tourner et l'attire de côté, sans qu'il soit nécessaire qu'elle le démaillotte; mais lorsqu'elle est avancée en âge ou qu'elle a eu plusieurs enfants, sans déplacer celui qu'elle porte, elle lui passe la mamelle par dessous le bras ou la lui donne par dessus l'épaule; l'enfant satisfait cesse de pleurer, et la nourrice continue sa danse...

» Moins recherché que la femme dans ses habillements, le Gonaquois s'orne de bracelets et de colliers avec moins de profusion; il n'a d'autre vêtement que son *kros* (sorte de manteau très ample fait avec des peaux de veau ou de mouton) et son *jakal* (ceinture en forme de petit tablier); il marche toujours nu-tête, à moins qu'il ne pleuve ou qu'il n'ait froid; alors il porte un bonnet de cuir. Il a, pour chaussure, des sandales fixées avec des courroies..... Les Gonaquois sont adonnés à la chasse; ils y déploient beaucoup d'adresse. Indépendamment des pièges qu'ils tendent au gros gibier, ils le guettent, l'attaquent, le tirent avec leurs flèches empoisonnées, ou le tuent avec leurs sagaies; ces deux armes sont les seules dont ils se servent.....

» Le Hottentot ne sème ni ne plante; jamais il ne fait de récolte; de temps en temps, il prépare, comme régal, mais sans en conserver en provision, une liqueur enivrante, composée de miel et d'une racine qu'il laisse fermenter dans une certaine quantité d'eau. Sa principale nourriture se compose du lait que lui donnent ses vaches et ses brebis, et des produits de sa chasse; quelquefois, mais rarement, il égorge un mouton. Ses bœufs ne lui servent qu'à transporter ses bagages ou à faire des échanges... Les Hottentots préfèrent la nuit au jour, parce qu'elle est plus fraîche, et qu'elle invite à la danse, aux plaisirs. Lorsqu'ils veulent se livrer à cet exercice, ils forment, en se tenant par la main, un cercle plus ou moins grand, en proportion du nombre des danseurs et des danseuses toujours symétriquement mêlés. Cette chaîne tournoie de côté et d'autre, et se quitte par intervalle, pour marquer la mesure. De temps en temps, chacun frappe des mains, sans rompre pour cela la cadence. Les voix se réunissent aux instruments, et chantent continuellement *hoo! hoo!* c'est le refrain général. Quelquefois, un des danseurs, quittant le cercle, passe au centre; là, il forme, à lui seul, une espèce de pas anglais dont tout le mérite et la beauté consistent à l'exécuter avec autant de vitesse que de précision, sans bouger de la place où son pied s'est posé; ensuite, on les voit tous se quitter les mains, se suivre nonchalamment les uns les autres, affectant un air triste et consterné, la tête penchée sur l'épaule, les yeux baissés vers la terre qu'ils regardent attentivement; le moment qui suit voit naître les démonstrations de la joie, de la gaieté la plus folle; ce contraste les enchante quand il est bien rendu. Les danseurs font entendre sans cesse un bourdonnement sourd et monotone qui n'est interrompu que lorsqu'ils se réunissent aux spectateurs pour chanter en chorus le merveilleux *hoo! hoo!* qui paraît être l'âme et le point d'orgue de ce magnifique charivari. On finit assez ordinairement par un ballet général; le cercle se rompt, et l'on danse, pêle-mêle, comme chacun l'entend. On voit alors l'adresse et la force briller dans tout leur jour. Les beaux danseurs répètent, à l'envi l'un de l'autre, ces sauts périlleux et ces gargouillades qui, dans nos grandes académies de musique, excitent des ***ha ha*** tout aussi bien mérités et sentis que les ***ho ho*** d'Afrique. — Les instruments qui brillent là par excellence, sont

le *goura*, le *joum-joum*, le *rabouquin* (instruments à cordes) et le *romelpot* (sorte de tambour)....

» J'ai dit que les Hottentots ne s'assemblent guère que la nuit pour se divertir; les occupations journalières ne leur laissent point d'autre temps. Chacun a ses devoirs à remplir. Il faut surveiller, protéger les troupeaux épars dans les champs; les panser et les traire deux fois par jour; travailler aux nattes, amasser le bois sec pour les feux du soir; il faut enfin pourvoir à sa subsistance et chercher des racines; ces occupations appartiennent particulièrement aux femmes. Les hommes, de leur côté, vont à la chasse, font la revue des pièges qu'ils ont tendus en divers endroits, fabriquent les flèches et tous les instruments dont ils ont besoin...

» Un bel esprit réjouirait les cercles en assignant au Hottentot, dans la chaîne des êtres, une place entre l'homme et l'orang-outang; les qualités que j'ai reconnues en lui ne me permettent pas de le dégrader à ce point, et je lui ai trouvé la figure assez belle, parce que je lui connais l'âme assez bonne. Il faut pourtant convenir qu'il a dans les traits un caractère particulier qui le sépare en quelque sorte du commun des hommes; les pommettes de ses joues sont très proéminentes, de telle sorte que, son visage étant fort large dans cette partie, et la mâchoire au contraire excessivement étroite, sa physionomie va toujours en diminuant jusqu'au bout du menton. Cette configuration lui donne un air de maigreur qui fait paraître sa tête très disproportionnée et trop petite pour un corps ordinairement gras et bien fourni; son nez plat n'a quelquefois pas six lignes dans sa plus grande élévation; ses narines, en revanche, sont très ouvertes et dépassent souvent, en hauteur, le dos de son nez; sa bouche est grande et meublée de dents petites, bien perlées et d'une blancheur éblouissante; ses yeux, très beaux et bien ouverts, inclinent un peu du côté du nez comme ceux des Chinois ; ses cheveux courts, frisés et d'un noir d'ébène, ressemblent à de la laine ; ses sourcils sont dégarnis ; la barbe ne lui croît que sous le nez et à l'extrémité du menton, encore ne manque-t-il point de l'arracher à mesure qu'elle se montre. Quant aux proportions du corps, il est parfaitement moulé ; sa démarche est gracieuse et souple ; tous ses mouvements sont aisés ; bien différent en cela des sauvages de l'Amérique méridionale, qui paraissent n'avoir été qu'ébauchés par la nature. Les femmes, avec des traits plus fins, ont le même caractère de figure. Egalement bien faites, elles ont les mains petites et les pieds bien modelés, quoiqu'elles ne portent point de sandales ; le timbre de leur voix est doux, et leur idiome, en passant par leur gosier, ne manque pas d'agrément ; elles se livrent, lorsqu'elles parlent, à une infinité de gestes qui prêtent à leurs bras du développement et de la grâce.

» Le Hottentot, naturellement timide, est également très peu entreprenant. Une insouciance profonde le porte à l'inaction et à la paresse ; il ne se livre point à la chasse en chasseur, mais en homme que son estomac pousse et tourmente. Du reste, oubliant le passé, sans inquiétude sur l'avenir, le présent seul le frappe et l'intéresse. Mais il est bon, serviable, et le plus généreux comme le plus hospitalier des peuples. Quiconque voyage chez lui est assuré d'y trouver le gîte et la nourriture. »

— Tel est ce peuple, ou du moins tel il m'a paru, dans toute l'innocence des mœurs et de la vie pastorale.

V

Dans la Cafrerie, voisine de la Hottentotie, Levaillant relève avec soin les plus légères différences, tant physiques que morales, existant entre les deux populations.

« A juger de la nation cafre, dit-il, d'après les individus que j'ai vus, leur taille est généralement plus haute que celle des Hottentots, et même des Gonaquois : le Cafre le plus grand que j'aie mesuré avait cinq pieds huit pouces, et je n'en ai pas vu un seul au-dessous de cinq pouces. Il est vrai que j'ai remarqué plusieurs Gonaquois dont la taille atteignait la même dimension ; mais les Cafres sont en général d'une stature plus élevée et surtout plus robustes ; ils sont également plus fiers et plus hardis ; leur figure est aussi plus agréable, en ce qu'on ne leur voit point ces visages rétrécis par le bas, ni cette saillie des pommettes si désagréable chez les Hottentots, et qui déjà commence à s'effacer chez les Gonaquois. Ils n'ont pas non plus la face large et plate, ni les lèvres épaisses de leurs voisins, les nègres du Mozambique ; ils ont, au contraire, la figure ronde, un nez élevé, pas trop épaté, et une bouche meublée des plus belles dents du monde. Leurs grands yeux qu'ombrage un front large et haut, sur lequel se dessine agréablement la naissance de leurs cheveux, leur donnent un air ouvert et spirituel. Ils ne rendent point leur visage ridicule en épilant leurs sourcils comme les Hottentots ; mais ils se tatouent quelquefois, particulièrement la figure ; leurs cheveux, très crépus et d'un noir d'ébène, ne sont jamais graissés ; il n'en est pas de même du reste de leur corps : c'est un moyen qu'ils emploient dans la seule vue d'entretenir la souplesse et la vigueur.

» Les hommes, dans leur parure, aiment beaucoup la verroterie, les anneaux et les plaques de cuivre; presque toujours on leur voit, soit aux bras, soit aux jambes, des bracelets faits avec des défenses d'éléphant; ils scient en rouelles la partie creuse, et laissent à ces anneaux naturels plus ou moins d'épaisseur. Ils se font encore des colliers avec des osselets d'animaux enfilés, auxquels ils savent donner la blancheur et le poli le plus parfait. Quelques-uns se contentent de l'os entier d'une jambe de mouton, et cet ornement figure assez bien sur leur poitrine. Dans la saison des chaleurs, le Cafre va toujours nu; il ne conserve que ses ornements et ses armes sans lesquelles il ne marche jamais. Dans les jours pluvieux, il s'enveloppe le corps d'un ample kros de peau de veau ou de vache, dont les poils sont enlevés, et qui descend souvent jusqu'à terre.

» Une particularité qui peut-être ne se rencontre nulle part, c'est que les femmes cafres, en général, ne font pas autant de cas de la parure que les hommes; comme elles sont, en comparaison des autres sauvages, bien faites et jolies, auraient-elles donc de plus le bon esprit de croire que les ornements sont moins faits pour ajouter à la beauté que pour masquer les imperfections! Elles ne portent pas même de bracelets de cuivre; leurs petits tabliers ne sont bordés souvent que de quelques rangs de verroterie : voilà leur plus grand luxe. Elles ont, comme leurs maris, un kros pour la saison pluvieuse ou lorsqu'il fait froid.

» Les Cafres ne couvrent point leur tête d'un bonnet, à la manière des Hottentots; mais j'ai souvent remarqué une plume ou quelques plaques de cuivre attachées dans leurs cheveux, et quelquefois aussi seulement de petites pièces triangulaires ou carrées faites avec la peau des animaux qu'ils ont tué à la chasse.

» Les occupations journalières des femmes se bornent à façonner de la poterie, à tresser des panniers, à gratter

Cafres : homme et femme

la terre avec des pioches de bois pour la préparer à recevoir les semences.

» Les cabanes cafres, plus spacieuses et plus élevées que celles des Hottentots, ont aussi la forme plus régulière; c'est absolument un demi-globe parfaitement arrondi... Dans le centre, on ménage un petit âtre circulairement entouré d'un rebord saillant de deux ou trois pouces, pour contenir le feu et mettre la cabane à l'abri de ses atteintes. Dans le tour extérieur, et à cinq ou six pouces de la cabane, on creuse un petit canal profond et large d'un demi-pied, destiné à recevoir les eaux : cette précaution éloigne toute espèce d'humidité.

» Les terres de la Cafrerie étant, soit par elles-mêmes, soit par leur position, soit aussi par la quantité de ruisseaux et de rivières qui les rafraîchissent, beaucoup plus fertiles que celles des Hottentots, il s'ensuit nécessairement que les Cafres, qui d'ailleurs s'entendent à la culture, sont aussi bien moins nomades que les Hottentots; le sol qui les a vus naître les voit mourir, à moins qu'ils ne soient assaillis par de barbares persécuteurs, ou par quelqu'un de ces fléaux qui n'épargnent pas plus les hommes que les animaux, et qui, dans un moment, couvrent de deuil d'immenses pays.....

» Les instruments, la musique et les danses des Cafres ressemblent absolument à ceux des Hottentots...

» Quelque soit l'attachement du Cafre pour ses troupeaux, j'ai eu l'occasion de remarquer chez lui une affection prédominante, qui va même jusqu'à la passion : celle qui le porte vers le chien. Il a pour cet animal des attentions et des complaisances outrées; aussi la reconnaissance en fait elle bientôt son meilleur ami. »

VI

Dans le pays habité par les petits Namaquois, qu'il visita ensuite, Levaillant réussit enfin à tuer une girafe, animal presque inconnu des Européens à cette époque, et qu'il désirait vivement étudier. Voici comment il raconte cette bonne fortune : « Cependant, je n'atteignais point le but réel de mes excursions; j'avais deux fois rencontré des girafes, et deux fois elles avaient employé tant de ruses qu'après avoir été courues toute la journée, elles avaient fini par m'échapper à la faveur de la nuit. Enfin, se leva pour moi le jour que je regarde comme un des plus heureux de ma vie. — Je m'étais mis en chasse aux premiers rayons du soleil. Après quelques heures de marche, nous aperçûmes, au détour d'une colline, sept girafes qu'à l'instant ma meute attaqua. Six d'entre elles prirent la fuite ensemble; la septième, coupée par mes chiens, s'écarta d'un autre côté. Je la suivis à toute bride; mais, malgré les efforts de mon cheval, elle gagna bientôt tellement sur moi, qu'en tournant un monticule, elle disparut à ma vue, et que je renonçai à la poursuivre. Mes chiens, qui n'avaient point perdu courage, ne tardèrent pas à l'atteindre. Bientôt même, ils la joignirent de si près, qu'elle fut obligée de s'arrêter pour se défendre. Du lieu où j'étais, je les entendais donner de la voix de toutes leurs forces; mais ces voix me paraissant toujours venir du même endroit, j'en conjecturai que l'animal était quelque part acculé par eux, et aussitôt je piquai vers lui. J'eus à peine tourné la butte que je l'aperçus, entouré des chiens, et tâchant, par de fortes ruades, de les écarter. Il ne m'en coûta que de mettre pied à terre; d'un coup de carabine je le renversai.

» Enchanté de ma victoire, je revins sur mes pas pour appeler mes gens auprès de moi, et leur faire dépouiller et dépecer la bête. Tandis que je les cherchais des yeux, je vis Klaas Baster qui, d'un air très empressé, me faisait des signes auxquels d'abord je ne compris rien;

mais ayant porté la vue du côté que me désignait sa main, j'aperçus, avec surprise, une girafe arrêtée sous un grand ébénier, et assaillie par mes chiens. Je crus que c'en était une autre, et je courus vers elle. C'était la mienne qui s'était relevée, et qui, au moment où j'allais lui tirer mon second coup, tomba morte.

» Qui croirait qu'une conquête pareille excita dans mon âme des transports voisins de la folie? Peines, fatigues, besoins cruels, incertitudes de l'avenir, dégoûts du passé, tout disparut, tout s'envola à l'aspect de cette proie nouvelle. Je ne pouvais me rassasier de la contempler; j'en mesurais l'énorme hauteur. J'appelais, je rappelais tour à tour mes gens; et quoique chacun d'eux en eût pu faire autant, quoique nous eussions abattu de plus pesants et de plus dangereux animaux, je venais, le premier, de tuer celui-ci; j'en allais enrichir l'histoire naturelle; j'allais détruire des romans et fonder, à mon tour, une réalité. »

VII

Un peu plus loin, chez les grands Namaquois, le voyageur rencontra des rhinocéros. C'est par le récit de la chasse émouvante qui s'ensuivit que nous terminerons nos citations.

Un jour, dit-il, « Klaas vint en grande hâte, dans ma tente, me dire qu'à quelque distance du camp il avait aperçu deux de ces animaux arrêtés et tranquilles, à côté l'un de l'autre, au milieu de la plaine, et qu'il ne tenait qu'à moi de me procurer le plaisir de la plus belle chasse que j'eusse encore faite.

» A la vérité, la chasse pouvait être très amusante;

mais indépendamment du danger qu'elle présentait, j'y voyais de grandes difficultés. Pour attaquer deux ennemis si redoutables, il nous fallait les approcher, sans être vus ni éventés. Je m'étais d'abord proposé de les cerner par un cordon qui les envelopperait de toutes parts, et d'avancer ensuite sur eux en rétrécissant peu à peu le cercle, pour nous réunir tous au moment de l'attaque; mais les sauvages m'assurèrent que ce plan était impraticable avec les animaux dont il est question. En conséquence, je m'abandonnai entièrement à leurs conseils, et nous partîmes armés de tout le courage nécessaire et chacun d'un bon fusil. Tous mes chasseurs voulurent être de la partie, et chacun se proposait les plus grandes prouesses. Je fis mener en laisse deux de mes plus forts chiens, pour les lâcher au besoin sur les rhinocéros. Nous fûmes obligés de faire un très grand détour, afin de prendre le dessous du vent, et nous gagnâmes la rivière dont nous suivîmes le cours à l'abri des grands arbres qui la bordaient, et bientôt Klaas nous fit apercevoir, à un demi-quart de lieue dans la plaine, les deux animaux.

» L'un d'eux était beaucoup plus gros que l'autre. Du reste, immobiles, ils gardaient encore la même posture qu'ils avaient lorsque Klaas les avait vus pour la première fois; mais ils portaient le nez au vent, et par conséquent nous présentaient la croupe. C'est la coutume de ces quadrupèdes, quand ils sont ainsi arrêtés, de se placer dans la direction du vent, afin d'être avertis, par l'odorat, des ennemis qu'ils ont à craindre. Seulement, alors, ils détournent de temps en temps la tête, pour jeter un coup d'œil en arrière et veiller de toutes parts à leur sûreté ; mais ce n'est vraiment qu'un coup d'œil et l'affaire d'un instant.

» Déjà nous raisonnions sur les dispositions à faire pour entreprendre notre attaque, et je donnais en conséquence quelques ordres à ma troupe, quand Jonker, l'un de mes Hottentots, me pria de le laisser seul attaquer les deux bêtes, comme *bekruyper*. Ce Jonker était un des nageurs auxquels je dus la vie sur la rivière des Eléphants ; pour récompense, je l'avais élevé au grade de chasseur ; il était devenu un tireur très adroit, et il excellait, par-dessus tous ses camarades, dans l'art de *traîner*. — La chasse, en Afrique, ne ressemble point à celle d'Europe ; pour se mettre à la portée de tirer certains animaux farouches, il faut approcher d'eux sans être aperçu, et l'on n'y parvient qu'en se traînant sur le ventre. Les gens qui ont ce talent s'appellent *bekruypers*, traîneurs.

» Comme l'offre de Jonker ne nous empêchait point d'exécuter nos projets, et que, dans le cas où son attaque particulière ne réussirait pas, elle ne nuisait nullement à notre attaque générale, je le laissai faire. Il se mit tout nu, et partit en emportant son fusil, et en rampant sur le ventre comme un serpent.

» Pendant ce temps, j'indiquai à mes chasseurs les différents postes qu'ils devaient occuper. Ils s'y rendirent par des détours, chacun ayant deux hommes avec lui. Moi, je restai au lieu où je me trouvais, avec deux Hottentots, dont l'un gardait mon cheval, tandis que l'autre tenait les chiens ; mais pour n'être point en vue, nous nous cachâmes derrière un buisson.....

» Jonker, de son côté, avançait, quoique lentement,

ayant toujours les yeux fixés sur les deux animaux. Les voyait-il tourner la tête, à l'instant il restait immobile et sans mouvement. On eût dit un éclat de roche, et moi-même j'y étais trompé. Son traînage, avec toutes ses interruptions, dura plus d'une heure. Enfin, je le vis se diriger vers une grosse touffe d'euphorbe, qui formait un buisson et qui se trouvait à deux cents pas au plus des rhinocéros. Arrivé là, et sûr de pouvoir s'y cacher sans être vu d'eux, il se releva, et, après avoir jeté les yeux de tous côtés pour voir si les camarades étaient à leur poste, il se prépara à tirer..... J'attendais dans la plus vive impatience que le coup de Jonker partit, et je ne concevais pas ce qui l'empêchait de tirer ; mais le Hottentot qui était à mes côtés me dit que, si Jonker ne tirait point, c'est qu'il attendait qu'un des rhinocéros se détournât pour l'ajuster à la tête, s'il était possible, et qu'au premier mouvement qu'ils feraient, j'entendrais le coup.

» En effet, le plus gros des deux ayant regardé de mon côté, il fut tiré aussitôt. Blessé du coup, il poussa un cri effroyable, et, suivi de sa femelle, il courut avec fureur vers le lieu d'où le bruit était parti. Ce fut alors que je sentis mon cœur tressaillir, et que mes craintes furent portées à leur comble. Une sueur froide se répandait sur tout mon corps; mon cœur battait si fort que cela m'ôtait la respiration ; je m'attendais à voir les deux monstres renverser le buisson, écraser sous leurs pieds le malheureux Jonker, et le mettre en pièces; mais il s'était couché le ventre contre terre ; la ruse lui réussit parfaitement; ils passèrent près de lui, sans l'apercevoir, et vinrent droit à moi.

» Alors à mon angoisse succéda la joie, et je m'apprêtai à les recevoir. Mais les chiens, animés déjà par le coup de fusil qu'ils avaient entendu, se démenèrent tellement à leur approche que, ne pouvant plus les contenir, je les détachai et les lâchai contre eux.

» A cette vue, ils firent un crochet, et allèrent donner dans une des embuscades où ils essuyèrent un nouveau coup de feu de l'un de mes chasseurs, puis dans une troisième où ils reçurent un troisième coup. Mes chiens, de leur côté, les harcelaient à outrance, ce qui accroissait encore leur rage. Ils détachaient contre eux des ruades terribles; ils labouraient la plaine avec leur corne, y creusaient des sillons de sept à huit pouces de profondeur, et lançaient autour d'eux une grêle de pierres et de cailloux.

» Pendant ce temps, nous nous rapprochâmes tous, afin de les cerner de plus près et de réunir toutes nos forces. Cette multitude d'ennemis, dont ils se voyaient entourés, les mit dans une fureur inexprimable. Tout à coup le mâle s'arrêta, et, cessant de fuir devant les chiens, il leur fit face et se tourna contre eux pour les attaquer et les éventrer. Mais tandis qu'il les poursuivait, la femelle se détacha de lui et gagna le large.....

» Cependant, après quelque temps d'une attaque forcenée, il battit en retraite et parut vouloir gagner quelque buisson, probablement pour s'y appuyer et pour ne plus être harcelé que par devant. Je devinai sa ruse, et, dans le dessein de le prévenir, je me jetai vers les buissons, en faisant signe aux deux chasseurs les moins éloignés de moi, de s'y porter aussi. Il n'était plus qu'à trente pas de nous, lorsque nous nous emparâmes du poste. Puis, le visant tous trois en même temps, nous lui lâchâmes nos trois coups à la fois; il tomba pour ne plus se relever.

» Je m'approchai de l'animal pour l'examiner et le mesurer; sa hauteur était de sept pieds cinq pouces, et sa longueur, depuis le museau jusqu'à la naissance de la queue, de onze pieds six pouces; sa petite corne était d'un tiers plus courte que l'autre; celle-ci avait dix-neuf pouces. Mais ce qui me surprit, ce fut de voir que cette arme si redoutable, avec laquelle il sillonnait profondément la terre, et lançait au loin des pierres fort grosses, n'était point implantée dans les os de la tête, qu'elle ne tenait qu'à la peau, et qu'en remuant cette peau, je la faisais mouvoir comme elle.

» La chair de notre rhinocéros, moins agréable que celle de l'hippopotame, mais supérieure à celle de l'éléphant, nous fournit à tous une nourriture abondante. »

René Caillié

III

RENÉ CAILLIÉ

I

En 1842, la petite ville de Mauzé, dans les Deux-Sèvres, inaugurait, sur le pont qui domine la rivière, le buste en bronze de René Caillié, un de ses enfants, et le Conseil général du département votait, en son honneur, l'établissement d'une fête annuelle. Un pareil hommage de la part de ses compatriotes — quatre ans seulement après sa mort, — était alors d'autant plus flatteur qu'on en était en ce temps-là moins prodigue qu'aujourd'hui. Par l'importance de l'œuvre qu'il avait accomplie, par l'élévation de son patriotisme et la vivacité de son intelligence, par sa patiente énergie et ses souffrances, René Caillié avait en effet largement mérité les honneurs rendus à sa mémoire.

Simple ouvrier cordonnier, seul, sans appui, presque sans ressources, en 1828, à une époque où le centre de l'Afrique était absolument inconnu, il avait traversé et reconnu tout le continent africain du Sénégal à Tanger, en passant par Timboctou, ouvrant ainsi la route à suivre pour conquérir le pays des Noirs au commerce et à la civilisation. Depuis sa mort, d'innombrables expéditions sillonnèrent l'Afrique dans tous les sens, occupant de leurs découvertes, de leurs désastres ou de leurs succès le public qui finit peu à peu par oublier celui qui le premier, réussit à traverser des régions inconnues, à pied, déguisé en mendiant et sans autre secours que son intelligence et son énergie. Sans vouloir rabaisser le mérite de ceux qui ont suivi son exemple, il est bon, croyons-nous, de protester contre cet injuste oubli. « Caillié n'en est-il pas plus grand pour avoir triomphé, seul et sans ressources, de difficultés jugées alors insurmontables, lorsque tant de savants, tant de voyageurs de profession, mieux armés que lui contre les dangers du chemin, ont échoué ou succombé après lui? » (G. Franck : *Voyages et Découvertes de René Caillié.*)

———

II

René Caillié naquit à Mauzé, le 19 novembre 1799. Il perdit de bonne heure ses parents qui étaient boulangers, et fut mis, par son tuteur, en apprentissage chez un cordonnier. L'imagination surexcitée par les récits de voyages qu'il lisait avec passion, le jeune homme s'accommodait mal d'occupations sédentaires. A force d'instances, il obtint de son tuteur l'autorisation de se livrer à ses goûts pour les voyages, et, en 1816, il s'embarqua pour le Sénégal, à Rochefort, sur la gabarre *la Loire,* qui devait marcher de conserve avec la frégate de l'Etat la ***Méduse***. ***La Loire***, heureusement, s'écarta de la route suivie par l'autre navire et arriva, sans accident, en rade de Saint-Louis.

« Caillié avait seize ans, soixante francs dans sa poche, savait faire des souliers et, du reste, ignorait complètement le dangereux métier d'explorateur. » (G. Franck).

Du Sénégal, il passa à la Guadeloupe où il resta peu de temps. En effet, regrettant l'Afrique, il revint au Sénégal en passant par Bordeaux. Il chercha alors à pénétrer dans l'intérieur du continent africain, et fit, en 1819, une première excursion jusqu'à Bakel ; mais la fièvre, dont il fut violemment atteint, le força à rentrer en France pour y rétablir sa santé.

En 1824, il était de retour au Sénégal et, à force de résolution et d'instances, avait fini par obtenir du gouverneur de Saint-Louis quelques marchandises de pacotille à l'effet d'entrer en relations avec les indigènes des contrées qu'il voulait traverser. Cependant, avant d'entreprendre définitivement le grand voyage qu'il projetait, Caillié, sur le conseil du gouverneur, « se décida à passer plusieurs mois chez les Maures Braknas pour apprendre leur langue, pratiquer leur culte, et s'assurer ainsi un moyen de visiter le Soudan. Il quitta Saint-Louis le 3 août 1824, vit le lac *Panié'Foul* (1), parvint le 14 à *Richard Toll* (2), et s'embarqua pour *Dagana;* de Dagana, il gagna *Podor*. Il avait endossé le costume arabe qu'il ne devait guère abandonner avant 1828. La modicité de ses ressources ne lui permettait pas d'acheter une monture; Caillié voyageait à pied, souvent sans chaussures, la plupart du temps seul, mourant de soif, exposé, malgré sa pauvreté, à la cupidité des indigènes. Quand on le questionnait sur son itinéraire, il répondait que l'esprit de Dieu l'avait touché et qu'il allait chez les Maures se convertir à l'islamisme. » (G. FRANCK.)

Afin de pouvoir pénétrer jusqu'à Timboctou, ville sainte des musulmans, et pour traverser plus aisément tous les territoires peuplés de mahométans qu'il devait parcourir, René Caillié avait eu l'idée de se donner comme étant né à Alexandrie de parents arabes et comme ayant été conduit en Europe, dès son enfance, par des Français de l'armée d'Egypte. Amené au Sénégal par son maître qui l'avait affranchi, il désirait ardemment regagner sa patrie pour y retrouver sa famille et pratiquer en paix la religion musulmane. Telle fut la « fable, adroite parce qu'elle était simple, qui servit de

(1) Ce lac déverse ses eaux dans un des *marigots* ou dérivations du Bas-Sénégal : sur l'autre rive, un autre marigot sert d'écoulement au lac Cayor.

(2) Petit poste du Bas-Sénégal, aujourd'hui peuplé de 340 habitants.

passe-port à Caillié de ***Kakondy*** à ***Timé,*** de ***Timé*** à ***Timboctou,*** de ***Timboctou*** à ***Tanger.*** »

Pendant huit mois, chez les Maures Braknas, il s'astreignit aux corvées et aux pratiques les plus répugnantes, afin de les mieux persuader de la sincérité du récit qu'il leur faisait et de son désir de se convertir. Sa longue patience fut couronnée de succès : il inspira une telle confiance à ses hôtes qu'ils l'engagèrent d'eux-mêmes à aller acheter des marchandises à Saint-Louis pour pouvoir se mettre en route.

Le journal de Caillié, rédigé secrètement jour par jour, contient des observations remarquables sur les mœurs et les usages des Braknas : la lecture en est encore aujourd'hui utile et intéressante. « Il décrit leur état social, énumère les productions du sol, indique les chemins commerciaux, les comptoirs d'échange. Nous sommes frappés de la sagacité naturelle de l'observateur; nous admirons le merveilleux sang-froid de ce voyageur de vingt-cinq ans qui, toujours en danger de mort, réussit cependant à tenir ses notes à jour, et sait jouer, sans une seule distraction, son rôle si dangereux de néophyte musulman. » (G. Franck.)

Pour l'exécution de son projet, Caillié eut cependant encore de grandes difficultés à surmonter, et elles lui vinrent des Européens. Rentré à Saint-Louis au mois de mai 1825, il n'y trouva plus le gouverneur sur les conseils de qui il avait déjà agi : Son successeur le traita en aventurier et en mendiant. Réduit à ses seules ressources, il tomba bientôt dans une cruelle misère, gagnant difficilement sa vie à empailler des oiseaux. Puis, pour vivre, il se fit surveillant de nègres; et enfin fut chargé par le gouverneur anglais de Sierra-Leone de diriger une fabrique d'indigo. Ce fut avec 2,000 francs, économisés sur ses appointements (il gagnait 3,600 francs par an) dans ce dernier emploi, qu'il put enfin se mettre en route. « J'avais eu connaissance », écrit-il, du prix que la « Société de géographie avait promis au premier Européen qui pénétrerait jusqu'à Timboctou et je me disais : *Mort ou vif je l'obtiendrai; si je n'en jouis pas, ma sœur le recueillera* (1). »

III

« La rencontre d'un compatriote lui aplanit les derniers obstacles. La factorerie de M. Castagnet était journellement en rapport avec les caravanes du *Baleya* et du *Bouré* que le voyageur désirait visiter. Peu de jours après son arrivée, il s'entendit avec des Mandingnes du Kankan qui apportaient de l'or à Kakondy. Grâce à des cadeaux habilement distribués, Caillié sut se concilier leur confiance et obtenir des renseignements sur les contrées de l'intérieur. » (G. Franck). Puis, un jour, il leur confia mystérieusement, sous le sceau du secret, la fable qu'il avait préparée. Le 19 avril 1827, une caravane de quelques habitants du Kankan emmena enfin Caillié qui commença de la sorte son voyage pour Timboctou. « Remontant le Rio-Nunez, la caravane pénétra dans le Fouta-Djallon..... Caillié le traversa de l'ouest à l'est et donna sur le pays des renseignements nouveaux, confirmés depuis et utilisés. Il y releva d'innombrables cours d'eau, dont les — uns vont former la *Falémé* et le

(1) Journal de René Caillié, p. 106, Tom. I.

Bafing, les autres descendent à l'est, vers le *Tankisso* (affluent du Niger supérieur) et le Niger..... Sortie du Fouta-Djallon, la caravane traversa le fertile Baleya dont les vastes plaines s'abaissent vers le Niger, et le 11 juin, René Caillié contempla, pour la première fois, le grand fleuve à *Couroussa*. Il avait la fièvre; la joie le

Les bords du Niger

guérit..... Le 13 juin, on traversa le Djoliba, et l'on fit route au sud-est, vers la ville de *Kan-kan*, où Caillié fit une entrée solennelle, abrité sous son parapluie. Il avait beaucoup souffert de la cupidité et de l'indiscrétion de son guide; redoutant de passer avec lui à Sego, il préféra attendre à Kan-kan une occasion de gagner Djenné par Sambatilika : il l'attendit vingt-huit jours. » (G. FRANCK.)

Il profita de ce séjour forcé pour recueillir de précieux renseignements sur le commerce du Haut-Niger, et sur Bammako dont il entendit beaucoup parler. Kan-kan était en effet et est encore le siège d'un grand commerce. Riz, ignames, cassave, petit et gros bétail, gomme, ivoire, plumes d'oiseaux, etc., en forment les éléments ordinaires. En outre, les habitants du Ouassoulou y venaient vendre de belles toiles blanches et ceux du Bouré des lingots d'or. Bien qu'il ne pût pas visiter Bammako, ses conversations avec les indigènes lui firent apprécier toute l'importance de cette ville, située sur le Haut-Niger, à l'entrée du Soudan : Caillié, dans son journal, déplore l'éloignement de Saint-Louis de cette commerçante cité. La récente construction du chemin de fer de Khayes à Bammako, donne actuellement raison aux sagaces observations du jeune voyageur (1).

Caillié quitta Kan-kan le 16 juillet et traversa, du nord-ouest au sud-est, le Ouassoulou où aucun blanc n'avait pénétré avant lui. Il arriva le 2 août à Sambatilika, et le 3 à *Timé*, pays de l'arbre à beurre, où l'indigo croît sans culture.

A Timé, joli village habité par des Mandingues musulmans, il dut — tellement ses pieds étaient enflés par suite de la marche, — rester pendant un mois dans sa case, étendu sur un sol détrempé par les pluies. Puis, au moment de reprendre son voyage, il fut atteint du scorbut. « Je fus plus de quinze jours », écrit-il, « sans

(1) L'occupation de Bammako par la France est maintenant un fait accompli, grâce au talent et à l'énergie du colonel Borgnis-Desbordes.

trouver un instant de sommeil; pour comble de malheur, la plaie de mon pied se rouvrit et je voyais s'évanouir tout espoir de partir. » Son découragement fut grand en ce moment-là. Cependant, au bout de six semaines de douleurs aiguës, il entra en convalescence et retrouva

toute son énergie. Toutefois, il ne put s'éloigner de Timé qu'après cinq mois de souffrances, le 9 janvier 1828.

« Caillié s'était joint à une caravane qui allait à Djenné vendre des noix de Kolah. Elle prit la direction nord-est, dans un pays généralement découvert, fertile, peuplé et commerçant. A *Tangrera*..., le séjour de Caillié faillit se prolonger plus qu'il ne le désirait; la caravane dont il faisait partie abandonna la route de Djenné et prit celle de Sego, qu'il redoutait. Il eut le bonheur de rencontrer des marchands qui allaient à Djenné et put continuer son chemin..... Le 27 janvier, il signale le *Bagoe*, la *Rivière blanche* des nègres..... Caillié marche d'étonnement en étonnement; partout des villages, des champs cultivés, des routes presque entretenues, une population relativement policée, attachée au sol, dans ces mêmes régions qualifiées de déserts sur les anciennes cartes!... Le 10 février, la caravane fit halte à *Dhouasso* et y séjourna le 11; on surprit Caillié prenant la hauteur du soleil, et le village entier se souleva. » (G. FRANCK.) Le voyageur ne dut la vie qu'à son sang-froid. « On m'interrogea avec des menaces », écrit-il dans son journal, « sur ce que je venais de faire. Je dis que c'était une amulette contre les maladies, et mon guide appuya de bonne foi ce subterfuge. Les Bambaras s'apaisèrent et plusieurs d'entre eux me prièrent de leur procurer de semblables *grigris.* »

Le 10 mars, la caravane atteignit *Cougalia*, situé en face de Djenné, sur un grand cours d'eau que Caillié prit pour le *Djoliba* ou Niger. Mais ce n'était encore que la *Rivière blanche*, déjà aperçue le 27 janvier. Il séjourna à Djenné du 11 au 23 mars et eut tout le temps de visiter la ville dont il évalue la population à 10,000 habitants. La plupart des maisons sont à un étage et bâties en briques cuites au soleil : elles ont toutes une cour intérieure. Les rues, sans être alignées, sont assez larges dans une ville où les voitures n'existent pas. La population est très commerçante.

« Il est presque impossible de prendre en défaut non seulement la sincérité, mais la sagacité de l'explorateur.

Pas un accident du sol, pas un détour du fleuve, pas un trait de mœurs ou un détail ethnographique ne le laissent indifférent. Rien ne lui échappe; il voit tout et retient tout. C'est à peine s'il parle de lui, et cependant, sur le bateau qui le porte à Timboctou, il est moins bien traité qu'un chien, puisqu'on le traite comme un esclave. Le prix de son passage avait vidé sa bourse, et le patron, qui le savait, oubliait souvent de le nourrir. Les nègres de l'équipage en faisaient leur souffre-douleurs..... Le 2 avril, l'embarcation s'engagea dans un dédale de canaux formés par des îles basses, soumises, en automne, aux inondations périodiques, alors couvertes de gras pâturages. Le 3, elle déboucha dans le lac Debo, dont Caillié rectifia la position, l'étendue et les contours..... On avançait lentement..... Bientôt, cependant, on aperçut, sur la rive gauche, les premiers Touaregs : Timboctou n'était plus éloigné. Le 18, on jeta l'ancre à Cabra. Caillié ne s'y arrêta pas; il en partit le 20, et le soir même il entrait à Timboctou », *au moment où le soleil touchait l'horizon*, suivant son expression, car Caillié n'avait pas d'autre montre que le soleil.

IV

« Je voyais donc », s'écrie-t-il, cette capitale du Soudan qui, depuis si longtemps, était le but de mes désirs! En pénétrant dans cette cité mystérieuse, objet de curiosité pour toutes les nations de l'Europe, je fus saisi d'un inexprimable sentiment de satisfaction... je n'avais jamais rien éprouvé de pareil, mon bonheur était infini!... » (1).

(1) Journal de René Caillié, p. 57, tome II.

Avant le voyage de René Caillié, on ne connaissait Timboctou que par les récits fantaisistes des *Mille et une Nuits* et par les écrits de Léon l'Africain, datant du XVIe siècle, qui lui attribuaient de cent à deux cent mille habitants. La description qu'en donne le jeune voyageur ne répond pas à l'idée qu'on s'en faisait, « Revenu de mon

Timboctou

enthousiasme », dit-il, « je trouvai que le spectacle ne répondait pas à mon attente. Je m'étais fait de la grandeur et de la richesse de Timboctou une autre idée. Elle n'offre au premier aspect qu'une agglomération de maisons en terre, mal construites. Dans toutes les directions, on ne voit que plaines de sable, d'un blanc tirant sur le jaune et de la plus grande aridité. Le ciel, à l'horizon, était d'un rouge pâle. Tout est triste dans la nature; le plus grand silence y règne; on n'entend pas le chant d'un seul oiseau. Cependant, il y a je ne sais quoi d'imposant à voir une grande ville, élevée au milieu des sables, et l'on admire la volonté de ses fondateurs. » (1)

Timboctou est pourtant une des plus grandes villes de l'Afrique : elle forme une espèce de triangle et peut avoir trois milles de tour. Dans les rues, assez larges et propres pour une ville musulmane, trois cavaliers pourraient passer de front, mais elle ne sont animées que par le passage des chameaux apportant des denrées, quelques groupes d'habitants assis par terre et de rares marchands de noix de Kolah. La ville, habitée par des nègres, des Maures et des esclaves, possède huit mosquées, deux grandes, une moyenne et cinq petites. Sous prétexte d'accomplir ses dévotions, Caillié se rendait souvent à la plus remarquable, celle de l'ouest. Du haut de sa tour, de trente pieds d'élévation, il découvrait l'ensemble de la ville et de ses environs. Un jour même, il s'assit dans la rue et prit le dessin de l'édifice. « Je m'entourais », dit-il, « de ma grande couverture, que je repliais sur mes genoux; je tenais à la main une feuille de papier blanc, à laquelle je joignais une page du Coran; lorsque je voyais venir quelqu'un de mon côté, je cachais mon dessin dans ma couverture, et je gardais la feuille du Coran à la main, comme si j'étudiais la prière. Les passants, loin de me soupçonner, me

(1) Journal de René Caillié, p. 58, tome II.

regardaient comme un prédestiné et louaient mon zèle. » (1)

Après un séjour de quatorze jours à Timboctou, Caillié prit rang dans une caravane qui se dirigeait sur le Tafilet. Le départ eut lieu le 4 mai, au lever du soleil. Il s'agissait de traverser le Sahara, et Caillié comptait beaucoup sur l'aide d'un guide, nommé Sidi Ali, pour pouvoir supporter sans trop de souffrances un voyage toujours pénible, mais qui devait l'être surtout pour lui dans l'état de dénûment dans lequel il se trouvait. Loin de l'assister, Sidi Ali ne cessa pas un instant de le persécuter. « On arriva le 9 à la ville d'*Araouan,* qui n'est, à vrai dire, qu'un faubourg éloigné de Timboctou..... Un peu au nord d'Araouan, se trouvent les puits de *Mourat,* les derniers que l'on rencontre pendant huit jours... Au milieu d'un désert sans végétation, coupé de dunes mobiles, les puits de Mourat, entourés de quatorze cents chameaux, donnèrent à Caillié l'impression d'une ville populeuse..... Des puits de Mourat à ceux de *Télig*, le vent d'est ne cessa de souffler, soulevant des ouragans de sable; une de ces bourrasques faillit ensevelir la caravane; pas une goutte d'eau; les chameaux tombaient morts de soif..... C'est près de Télig que sont les célèbres mines de sel de *Tondeyni*, exploitées par les Maures..... A partir de là (27 mai), la marche, toujours pénible, devint cependant moins difficile; les puits étaient moins rares; mais les souffrances du malheureux Caillié n'en furent pas allégées..... Un jour, affaibli par les fatigues et les privations, il glissa de sa selle et fit une lourde chute..... Le 29 juin, l'aspect du sol changea.....

(1) Journal de René Caillié, p. 75, tome II.

Bientôt la caravane entra dans les plaines d'***El Harib***,... et le 23 juillet, Caillié apercevait les majestueux dattiers du Tafilet. » (G. Franck.)

Le 12 août, il était à ***Fez***. La traversée du Sahara était

terminée. Restait maintenant à rentrer en France. Moitié à pied, moitié à dos d'âne, Caillié arriva à Rabat où un israélite, qui remplissait pour la France les fonctions d'agent consulaire, « lui donna vingt-quatre sous et le mit poliment dehors en lui disant, en manière d'adieu, qu'il se ferait couper le cou. » Mourant de faim, osant à peine demander l'aumône, Caillié eut de nouveau un instant de profond découragement, qu'il surmonta cependant. A force d'énergie et de courage, il réussit à atteindre Tanger le 7 septembre. Le consul de France dans cette ville, M. Delaporte, l'accueillit d'abord avec quelque défiance, puis avec admiration. « Dans son transport », dit Caillié, « il alla jusqu'à m'embrasser, sans témoigner de répugnance ni pour ma personne, ni pour les sales haillons dont j'étais revêtu. »

M. Delaporte le cacha pendant vingt jours et réussit à l'embarquer sur un navire français qui le rapatria.

V

La Société de géographie décerna à René Caillié, le 26 décembre 1828, le prix qu'elle avait promis au premier Européen qui réussirait à pénétrer à Timboctou. Elle y joignit une médaille d'or, la première récompense de ce genre qu'elle ait accordée. Le gouvernement lui donna en outre la croix de la Légion d'honneur et le nomma consul à Bammako, sans obligation de résidence. Toutes ces distinctions avaient été bien méritées par le hardi voyageur qui, avec deux mille francs et un parapluie, était venu à bout d'une entreprise où l'Angleterre avait échoué après y avoir sacrifié vingt millions.

Toutefois, la gloire et les honneurs ne suffisent pas pour assurer la vie de chaque jour : René Caillié s'en aperçut bientôt, car le gouvernement d'alors ne sut pas comprendre quel service venait de rendre à son pays ce hardi voyageur qui, en 526 jours (17 mois), avait épuisé sa santé à parcourir — souvent à pied — quatorze cents lieues, dont mille environ dans des régions inconnues. En 1829, Caillié, réduit à accepter un emploi d'expéditionnaire dans un ministère, était presque dans la misère. Il parvint cependant à réunir quelques milliers de francs, avec lesquels il acheta un petit domaine à *Beurlay*, dans la Charente-Inférieure : il l'échangea par la suite contre une autre propriété, « moins bien située, dans le hameau de *la Badère*. Son esprit chercheur, toujours épris de dévouement, voulait triompher de l'insalubrité par le dessèchement des marais. Caillié obtint des résultats magnifiques et devint le bienfaiteur du pays qui le nomma maire ; on venait de bien loin le consulter ou le remercier de ses conseils. L'estime sincère des braves gens qui l'entouraient et savaient l'apprécier adoucit l'amertume de ses derniers jours. » (G. Franck.)

René Caillié mourut le 17 mai 1838, désespéré de ce que le gouvernement ne se souciait pas de lui faciliter une nouvelle exploration dans le Bouré qu'il rêvait de faire par le Niger, afin d'établir des relations commerciales avec les principales villes situées sur ce fleuve. Il avait épousé, en 1830, Eugénie-Caroline Têtu, qui lui donna quatre enfants.

VI

Sur la proposition du gouverneur du Sénégal et par les soins du ministère de la marine, un monument commémoratif a, en 1866, été élevé en l'honneur de René Caillié à *Deboke*, sur le rio Nunez, à une courte distance de Kakondy, point de départ de son grand voyage.

« Au début de ce siècle fécond en belles entreprises, Caillié indiqua à la colonisation française le chemin qu'elle suit aujourd'hui : de Saint-Louis au Niger et de la côte méditerranéenne au Soudan. Si ses découvertes n'ont pas eu l'éclat de celles de Mungo-Park, ses souffrances ont été beaucoup plus longues, ses fatigues plus rudes. Il n'est pas le premier voyageur qui ait été à Timboctou; il est le premier qui en soit revenu. » (G. FRANCK.)

Les hippopotames

IV

DELALANDE

En 1861, dans une des séances de la Société d'acclimatation, M. Geoffroy Saint-Hilaire a prononcé l'éloge du voyageur Delalande. Nous en extrayons les passages suivants :

Successivement envoyé par le Muséum d'histoire naturelle pour enrichir les collections, en Espagne et en Portugal, en 1808; dans le midi de la France, en 1813; au Brésil, en 1816; dans l'Afrique australe, en 1818; — Delalande a su aller partout au-delà des espérances qu'on avait mises en lui. On connaissait peu, avant lui, les productions du vaste empire brésilien; Delalande y a fait de si riches moissons, qu'où il avait passé, ses successeurs n'ont plus trouvé qu'à glaner. Ce n'est encore là, cependant, qu'un des mérites secondaires de Delalande : son grand titre, celui qui en a fait le modèle presque incomparable des voyageurs naturalistes, c'est cette grande exploration de l'Afrique australe, faite durant trois années avec un courage, une énergie, un dévouement qui ne seront jamais surpassés. Quatorze mille animaux déposés par Delalande, à son retour, dans les collections du Muséum, en sont encore aujourd'hui, dans ce grand établissement, l'éclatant témoignage; parmi ces quatorze mille animaux, on comptait plusieurs baleines, et tous ces gigantesques animaux dont la terre africaine, cette *patrie des miracles,* comme l'appelaient les anciens, est le lieu privilégié. Voilà ce qu'a fait Pierre Delalande, n'ayant d'autres aides qu'un enfant, son digne neveu Jules Verreaux, alors âgé de douze ans, et quelques Hottentots toujours prêts à déserter leur poste quand les hasards de la chasse devenaient trop semblables aux périls de la guerre.

Dans les nombreuses excursions de Delalande à travers l'Afrique australe, que d'incidents, que d'épisodes! Et dans ces incidents, que de courage, de sang-froid, d'énergie! Plusieurs fois, Delalande s'avance, pour atteindre un animal rare, jusqu'au campement des Cafres, engagés alors dans une guerre à mort contre les Anglais, c'est-à-dire contre tous les blancs sans distinction. Un jour, un hippopotame blessé d'un premier coup de feu s'élance sur Delalande : l'intrépide chasseur

Au bord du fleuve

tire, le colosse tombe mort presque sur lui; c'est le premier individu bien conservé qu'aient reçu nos collections. Dans une autre chasse, celle-ci bien innocente, dans une chasse aux insectes, un danger plus grand peut-être menaça Delalande : sa main, abaissée pour saisir un papillon, s'était posée sur la tête d'une panthère qui, tapie sous le feuillage, guettait sa proie :

Le Rhinocéros

chacun des deux chasseurs recula aussitôt de quelques pas, mais le seul effrayé, ce fut la panthère. Delalande, maintenant son fusil en main, revint aussitôt sur elle pour l'ajouter à sa collection; mais l'animal n'accepta pas le combat : il bondit et disparut dans l'impénétrable forêt. Légère déception pour Delalande! Mais, en d'autres occasions, que de regrets! Une tempête violente s'élève un jour tout à coup, et les flots en furie, roulant sur la plage, entraînent une énorme baleine, préparée par Delalande au prix de six semaines des plus durs labeurs : elle eût été la quatrième de sa grande collection ostéologique.....

Delalande était parti plein de jeunesse et de santé; quand il revint du Cap, à peine âgé de trente-trois ans, il penchait déjà vers la tombe où devait descendre avec lui une partie des fruits de son mémorable voyage : ses souvenirs, ses innombrables observations sur les mœurs des animaux, ses études géographiques sur les régions encore si peu connues où il avait pénétré. Delalande n'a publié qu'une relation sommaire de son voyage; sa mort prématurée a privé la science du livre qui devait être le véritable monument de cette noble victime de la science.

Le lieutenant Mage

V

MAGE ET QUINTIN

I

« Pour s'emparer du commerce si important du Soudan — écrivait Mage en 1863, — et particulièrement de celui du coton (Géorgie longue soie), qui, au dire des voyageurs, s'y trouve en si grande abondance, et à vil prix, il faut s'emparer du haut Niger en établissant une ligne de postes pour le relier au Sénégal entre Médine et Bamakou. Telles sont, en un mot, les conclusions du travail si important que M. le colonel du génie Faidherbe vient de faire connaître (1), et si on jette les yeux sur une carte, on est de suite frappé de la grandeur de ce projet; mais avant de se lancer dans les dépenses d'une ligne de postes sur environ quatre-vingts lieues d'étendue, qui séparent Médine de Bamakou, il me semble qu'il faudrait au moins savoir exactement où l'on va, avoir une carte bien exacte du cours du Niger, savoir si les caboteurs pourront naviguer entre les cataractes de Boussa et Bamakou et faire dériver les produits des marchés africains sur Boussa, où nous pourrions établir alors un comptoir dans lequel ces produits seraient reçus et dirigés sur France par des navires qui viendraient les chercher le plus haut possible dans le bas Niger. — Voilà la question pendante : explorer le Niger, remonter ce fleuve; savoir enfin d'une manière positive et pratique le mystère du Soudan et disputer à l'Angleterre les produits de l'intérieur de l'Afrique, vers lequel sa politique envahissante marche à grands pas, soit par des explorations, soit par le commerce, soit par l'occupation militaire. »

Tel fut, en effet, le but de l'exploration au Soudan occidental que firent, de 1863 à 1866, MM. E. Mage lieutenant de vaisseau, et le docteur Quintin, chirurgien de marine. Nous verrons, dans la suite de ce volume, que le résultat cherché est largement atteint à l'heure actuelle. Grâce aux travaux des deux explorateurs, à ceux de Paul Soleillet qui continua leur œuvre; grâce aussi à l'impulsion donnée, d'abord par le colonel Faidherbe

(1) L'*Avenir du Sahara*, par le colonel Faidherbe, 1863.

(aujourd'hui général de division et grand chancelier de la Légion d'honneur), puis par le colonel Galliéni, le Niger est maintenant sur le point d'être définitivement relié à notre colonie du Sénégal, non point par une simple ligne de postes, mais bel et bien par un chemin de fer, appelé peut-être à devenir la tête de ligne de la grande voie de fer du *Transsaharien*, que rêvait Paul Soleillet.

Et cependant Mage ne croyait pas, en 1863, que l'Algérie pût jamais être reliée au Sénégal d'une façon quelconque. Il écrivait alors : « Rallier le Sénégal à l'Algérie à travers au moins quatre cents lieues de désert, quelle que soit la route que l'on suive, c'est chose impossible ! ou du moins qui n'aurait pas de conséquences sérieuses par suite des frais énormes du transport à dos de chameaux. »

Mais, depuis une trentaine d'années, les besoins commerciaux se sont tellement accrus et le progrès a été tel en toutes choses, que ce qui paraissait à Mage une utopie irréalisable est entré, dès maintenant, dans le domaine des entreprises possibles. Qui sait?... Avant la fin du siècle, peut-être, fera-t-on le voyage d'Alger à Saint-Louis commodément installé dans le wagon d'un express, sans éprouver beaucoup plus de fatigue que dans le trajet de Paris à Marseille.

II

Dans le chapitre que nous consacrerons un peu plus loin à Paul Soleillet, nos lecteurs trouveront, sur les contrées qu'arrosent le Sénégal et le Niger, bien des détails que nous nous abstiendrons de leur donner ici : nous allons nous borner à indiquer, plutôt qu'à raconter, le voyage de MM. Mage et Quintin et à donner quelques extraits de la relation que Mage en a publiée en 1867.

Partis de Bordeaux le 25 juin 1863, les voyageurs étaient le 10 juillet à Gorée et arrivaient le 12 à Saint-Louis. Après avoir consacré trois mois à faire leurs préparatifs pour une exploration aussi longue et aussi hasardeuse, ils se mirent en route en octobre avec une escorte de dix hommes seulement. La mission qui leur était confiée consistait à explorer la ligne joignant nos établissements du haut Sénégal avec le haut Niger, et spécialement avec Bamakou. Son but était d'arriver à créer une ligne de postes, distante d'une trentaine de lieues, entre Médine et Bamakou, ou tout autre point voisin sur le haut Niger paraissant plus convenable pour créer une station commerciale sur ce fleuve. Le titre d'ambassadeur auprès du sultan El-Hadj Omar — lequel venait récemment de se conquérir un vaste empire dans l'Afrique occidentale, — avait été donné à Mage.

MM. Mage et Quintin passèrent quelques jours à Bakel, pour se procurer des chevaux et des ânes dont ils avaient besoin, puis partirent le 26 pour Médine — notre dernier poste — où ils arrivèrent le 30. Le 24 novembre, on se remit en route et l'on alla camper à Gouïna, auprès des chutes du Sénégal que Mage décrit ainsi :

« A cette époque de l'année, Gouïna présente un spectacle admirable. Le fleuve tombe, sur cinq à six cents mètres de large, en nappes interrompues par quelques immenses blocs de roches, tellement travaillés par les eaux qu'elles en suintent en mille filets élégants qui viennent ajouter au pittoresque du paysage. La hauteur de la chute n'est que de treize mètres cinquante centimètres en ce moment ; elle atteint dix-sept mètres lorsque les eaux sont basses dans le bassin placé au-dessous de la chute, d'où elles s'échappent par une succession de rapides qui, sur un espace de soixante à quatre-vingts mètres, font une différence de niveau de plus de quatre mètres. »

Après avoir séjourné à Bafoulabé, exploré le Bakhoy, affluent du Niger, traversé le Kita, les voyageurs atteignirent le Kaarta à la fin de janvier 1864. Le Kaarta dans lequel j'entrais, dit Mage, « est un vaste pays. Limité au nord par le désert, à l'est par le Bakhounou, à l'ouest par le Diafounou et le Diombokho, et au sud et sud-est par le Bakhoy, le Foula Dougou, et le Diangounté. Avant mon voyage, deux Européens seulement l'avaient visité : Mungo-Park en 1796, sous le règne de Daisé Coro Massassi, et Raffenel en 1845, sous le règne de Candia. Il suffit de lire les relations de ces deux voyageurs pour se convaincre de la faiblesse du Kaarta en temps qu'Etat ; si c'était pour ses voisins noirs un ennemi redoutable, il est évident que ce pays, en proie aux dissensions intestines, constamment en guerre avec Ségou, ne pourrait apporter aucune résistance sérieuse à une armée organisée. »

MM. Mage et Quintin eurent encore à supporter, pendant tout le mois de février, des fatigues et des ennuis presque continuels avant de parvenir à Ségou-Sikoro, où ils arrivèrent le 27 février vers les sept heures du soir. Ségou–Sikoro était déjà la résidence d'Ahmadou, l'un des fils du sultan El Hadj Omar auprès de qui Mage était envoyé comme ambassadeur. Ahmadou reçut parfaitement les voyageurs, mais ne leur donna point les moyens d'aller trouver son père ; il les retint deux ans à Ségou.

Mage raconte ainsi sa première entrevue avec Ahmadou :

« Nous arrivâmes dans une cour où, sous une vérandah en paille, se tenait Ahmadou, entouré d'un petit nombre d'intimes, tous gens influents du pays. Il était assis sur une peau de chèvre, placée sur du sable fin ; les autres personnes de son entourage étaient tout simplement sur le sable. Une garde d'une cinquantaine d'esclaves était rangée des deux côtés. Ces soldats étaient debout, armés, tenant leurs fusils dans toutes les positions imaginables et habillés de tous les costumes possibles. Ils se tenaient sur deux rangs, formant l'éventail. Je m'avançai en saluant le roi à la française et je lui donnai la main, en lui disant en français : ***Bonjour !...***

» Dès que le silence fut établi, Ahmadou me demanda en peuhl des nouvelles de ma santé et me souhaita la bienvenue. Puis il me demanda des nouvelles de Saint-Louis. Je répondis assez sobrement, me plaignant de n'avoir pu effectuer ma route par le Bélédougou. Je demandai alors des nouvelles d'El Hadj et s'il était toujours à Hamdallahi. On me dit qu'il allait bien, qu'il était toujours en cet endroit. Je demandai si je pouvais aller le voir. A cette question, Ahmadou répondit : « Quand nous aurons causé. » Je lui remis alors la lettre du gouverneur ; il l'ouvrit et la parcourut. Elle était en arabe et en français. Je crus voir sur sa figure un air d'embarras. Je craignais qu'il ne la comprît pas, c'est-à-dire qu'il ne sût pas l'arabe, et je lui proposai de la lui faire traduire en peuhl sur le texte français. Il accepta... La séance fut levée sur la demande que je fis de traiter le plus tôt possible les affaires sérieuses, pour lesquelles j'étais venu le voir. Pour réponse, Ahmadou ordonna de nous conduire à notre logement pour que nous puissions nous reposer. — A première vue, j'avais donné à Ahmadou dix-neuf ou vingt ans; en réalité, il en avait trente; assis, il paraissait petit; il est plutôt grand, et il est bien fait. Sa figure est très douce, son regard calme, il a l'air intelligent. »

III

Nos lecteurs seront, sans doute, curieux de connaître l'agencement et la disposition d'une habitation à Ségou. Voici la description que donne Mage de la maison où il fut logé, maison qu'habita également quelques années plus tard Paul Soleillet et qui appartenait à Samba N'Diaye, l'ingénieur en chef des fortifications du Ségou.

La maison de Samba N'Diaye, dit-il, « est une série de cases en rez-de-chaussée d'environ trois mètres de haut, toutes bâties en terre avec une espèce de charpente grossière en bois dur et une terrasse. C'est, du reste, assez bien construit. Les portes, sauf celles d'entrée, n'ont que un mètre soixante centimètres de haut; elles sont fermées par des panneaux de bois composés de deux ou trois planches réunies par des barres en bois et des clous en fer. On leur a adapté les fermetures en fer usitées pour les magasins à Saint-Louis. La première cour, dans laquelle nous entrons par un petit hangar servant de porte, a été affectée à notre service : sur la droite est le bilour de communication avec la maison ou cour des femmes, sur la gauche un grand hangar formant galerie dans toute la longueur de la cour, c'est-à-dire de six mètres de long sur deux mètres et demi de large. Ce hangar conduit à notre case, chambre de trois mètres de long sur quatre de large, dans un angle de laquelle je remarque une espèce de cheminée; deux lits garnis de nattes en cannes de mil y sont préparés. Une seconde porte très basse, dans la chambre, donne accès sur une cour dans le coin de laquelle, à notre grand étonnement, est une fosse d'aisance surmontée d'une espèce de siège fait d'un vase en terre dont on a cassé le fond. Notre étonnement ne fait que croître quand on nous dit que presque toutes les maisons du pays en sont pourvues. C'est dans cette cour même qu'on fera notre cuisine particulière. Dans l'autre coin de la cour est un passage recouvert en nattes qui conduit à un magasin ou grenier à mil, dans lequel j'installe nos marchandises.

« Mes hommes se placent dans la cour et sous la vérandah, et pour plus de commodité on déloge le cheval de Samba N'Diaye qui est attaché au milieu de la cour.

» Une échelle de bois grossière, composée de deux morceaux torses en travers desquels on a attaché des bâtons avec des lanières de cuir non tanné, sert à monter sur la terrasse, où Samba N'Diaye a bâti une charpente en bois qu'il a surmontée d'une toiture en nattes pour coucher au frais sans craindre l'humidité. Tout

Village du Ségou

cela, bien que grossier, est intelligent; il y a dans ces fermetures en fer des portes, et dans certains détails, des réminiscences de ce que Samba N'Diaye a vu chez les blancs. Du reste, disons de suite ce qu'est notre hôte, bien que ce ne soit qu'à la longue que nous ayons appris ce qui le concernait.

» Samba N'Diaye était un Bakiri de Tuabo (Guoy, Sénégal), âgé aujourd'hui de quarante à cinquante ans. Otage pendant vingt ans à Saint-Louis, il n'avait quitté définitivement cette ville que sous le gouvernement de M. de Grammont, dont il conservait le meilleur souvenir.

» Rentré dans son pays, il s'était mis à faire du commerce, avait eu un comptoir de traitant à Tuabo, dans son village, jusqu'au moment où El Hadj était venu dans le pays. Dès ce moment, la religion musulmane s'empara de lui et, lorsque, deux ans après, El Hadj, vainqueur jusque-là, vint à Farabanna, Samba N'Diaye liquida ses affaires, et, suivi de celle de ses femmes qui voulut l'accompagner et de ses captifs, il vint grossir les rangs du conquérant. Dès lors, sa connaissance des usages des blancs, son expérience en construction, lui créèrent près d'El Hadj une position exceptionnelle. Il devint l'ingénieur de l'armée. Plus tard, quand El Hadj eut des canons, Samba en fut spécialement chargé, et c'est en partie grâce aux ressources qu'il inventa pour réparer sans cesse les affûts cassés, qu'El Hadj put pousser ses conquêtes jusqu'au bord du Niger. Enfin, lorsque El Hadj, maître de Ségou, se décida à partir pour faire la conquête du Macina, Samba N'Diaye ayant désiré rester à Ségou, reçut le poste d'ingénieur en chef des fortifications et de gardien de la maison d'El Hadj.

» Dès qu'il avait su que des blancs venaient trouver El Hadj, il avait sollicité d'Ahmadou l'honneur de les loger, alléguant sa connaissance de leurs usages, de leur langue, et lui disant que si son père avait été là à coup sûr il les lui eût confiés.

» Bien que Samba N'Diaye ne jouisse pas près d'Ahmadou de toute la considération que le père lui accordait, il est écouté dans certaines questions et particulièrement dans ce qui regarde les blancs, et cette fois, il avait eu gain de cause sur les griots favoris du roi et d'autres chefs qui se disputaient l'honneur de nous loger, uniquement au point de vue de l'intérêt. »

IV

Pendant leur long séjour forcé dans le Ségou, MM. Mage et Quintin assistèrent à plusieurs rencontres sanglantes entre les troupes d'Ahmadou et l'armée des Bambaras, avec qui le sultan était en guerre. Plusieurs fois témoins de scènes de révoltante cruauté, ils firent de bien curieuses études sur les mœurs et les habitudes guerrières des peuples de cette partie de l'Afrique.

Un jour, le 9 septembre 1865, vers huit heures et demie du soir, Sibila Mahmary, l'un des chefs des Bambaras, venait d'être fait prisonnier dans une escarmouche :

« Je me rendis à la case d'Ahmadou, — raconte Mage; — il en était sorti et se tenait dehors devant un feu, entouré de ses fidèles et de ses Sofas; Sibila Mahmary était pris. D'instants en instants, on emmenait au supplice de nombreux prisonniers. Quant à Sibila Mahmary, il était entièrement nu; on l'avait conduit devant Ahmadou, on l'avait fait asseoir par terre; un de ses poignets avait été cassé par une balle et il avait des coups de sabre à la tête. Ahmadou, et avec lui toute sa bande, avaient peine à contenir leur joie; le griot de Koro Mama et ses fils, surtout, étaient effrayants. Mahmary était un vieillard; il était blessé, prisonnier de guerre, et il était bafoué, insulté. Non seulement on le raillait sur sa puissance, mais on ne craignait pas de lui adresser des plaisanteries sur une infirmité que sa nudité permettait d'apercevoir. C'était tellement violent que Mahmary, jusqu'alors impassible, en dépit des souffrances qu'on lui faisait endurer (en remuant son bras cassé avec la corde qui le tenait attaché à l'autre), répondit : ***Morr!*** — expression qui a une énergie indescriptible et que les mots ***Honte à tous!*** ne traduiraient qu'imparfaitement. Plus de cinquante prisonniers furent exécutés de la main d'Arsec pendant cette nuit, que je passai, comme Ahmadou, éveillé. On ne les interrogeait plus et Ahmadou disait : ***Rokan to Arseki*** (Donne-le à Arsek), et il n'ajoutait même plus sa plaisanterie habituelle : (qu'il leur donne à boire). Parmi ces malheureux, il y avait trois Maures.

« Quant à Sibila, il fut gardé toute la nuit dans l'atroce position que j'ai décrite plus haut, et ce ne fut qu'au jour qu'on termina son supplice. Une fois la tête tranchée, son corps fut couvert de coups de sabre. »

Le lendemain de ce massacre des prisonniers, l'armée Bambara fit un formidable retour offensif. Un instant victorieuse, elle finit cependant par plier sans raison, par lâcher pied et se débander sans le moindre motif. Ahmadou voulut la poursuivre, mais ses généraux s'opposèrent énergiquement à ce dessein. «La scène, racontée par Mage, est bien typique. En arrivant près d'Ahmadou, dit-il, j'assistai à une scène magnifique. En voyant son armée rentrer dans son camp, Ahmadou s'était avancé en se faisant couvrir par Arsec, et, s'il eût mis son projet à exécution, il eût entraîné toute l'armée sur les traces de l'armée bambara, et sans doute lui eût fait éprouver des pertes cruelles. Mais il n'était pas encore hors du camp que Bobo et Mahmadou Abi, son cousin, se jetèrent à la bride de son cheval pour l'empêcher de s'avancer et de s'exposer. Il fut magnifique de colère. En un clin d'œil, il se jeta à bas de son cheval avec une vivacité qui contrastait avec la lenteur habituelle et affectée de ses mouvements et voulut s'avancer à pied; mais Bobo, l'enlaçant à bras le corps, l'arrêta de nouveau. Alors Ahmadou écumait de rage; il se débattait avec violence et énergie, ordonnant en vain à ces amis maladroits de le lâcher; un instant il parvint à tirer son sabre, et je crus qu'il allait se dégager. Quant à moi, je l'encourageais du geste, et en même temps quelques Talibés l'engageaient de la voix à avancer. Enfin on le fit monter à cheval; mais à peine hors du camp, comme il s'avançait encore, la scène recommença et ne fut terminée que par l'intervention d'Abdoul Kadi, qui vint prendre son cheval par la bride, et le conduisit sur l'emplacement qu'avait occupé la colonne du Toro. Mais l'ennemi était loin et l'occasion de le poursuivre était perdue. Vainement Ahmadou suppliait et rageait, vainement il faisait partir des cavaliers dans toutes les directions, disant qu'il voulait savoir où était l'ennemi, on ne put que constater la disparition de cette armée bambara qui, tenant une victoire décisive et n'ayant qu'à charger sur Ahmadou sans défense au milieu d'une armée en déroute, avait fui, s'exposant à être à son tour poursuivie et décimée, et qui l'eût été sans l'émotion indescriptible qui s'était emparée de tout le monde à la vue de cette formidable attaque. »

V

Pendant les deux années qu'ils passèrent avec Ahmadou dans le Ségou, Mage et le docteur Quintin furent constamment bien traités par le souverain africain. Mais leur situation n'en était pas moins inquiétante et irritante. Ils étaient en réalité de véritables prisonniers. Quoiqu'ils fissent et jusqu'au dernier moment, ils ne purent pas une seule fois obtenir la permission de partir, soit pour aller accomplir leur mission auprès d'El Hadj, soit pour retourner à Saint-Louis. A chaque instant, c'étaient des scènes dans le genre de la suivante, qui eut lieu au commencement de novembre 1865, à la suite de l'arrivée d'une lettre de Saint-Louis, lettre par laquelle les explorateurs étaient rappelés au chef-lieu de notre colonie.

Mage venait d'aborder Ahmadou. Après l'avoir salué, il lui dit de suite : « Ahmadou, la lettre du gouverneur » est arrivée, je te l'ai remise. Tu sais ce dont nous » sommes convenus. Or, voici ce que dit la lettre : » 1° *Que tu me renvoies;* 2° *Que tu as des cadeaux apportés* » *par Sidy et qui sont à Nioro entre les mains de Mustaf;*

» 3° *Que quand j'arriverai à Médine on te donnera un » canon.* »

Ahmadou faisant mine, selon son habitude, de tergiverser encore, Mage ajouta :

« Tu m'as dit que quand mon courrier serait de » retour, tu me renverrais si le gouverneur le deman» dait. Pour les affaires tu les arrangeras si tu veux, » mais le gouverneur me dit de rentrer, il faut que je » parte. »

Ahmadou, raconte Mage, « répondit d'abord par cette terrible phrase des ajournements : *Min ani* (j'ai entendu); mais je ne voulus pas l'accepter pour réponse et je le pressai jusqu'à ce qu'il m'eût dit, en riant de mon obstination à laquelle il n'était pas encore habitué :

— « Eh bien! maintenant les envoyés sont revenus, » c'est fini. »

« Je me levai en lui disant : si c'est fini, il faut te » presser, car moi je voudrais partir demain. » Cela le fit rire et cependant ce n'était que l'exécution textuelle de sa promesse que je venais réclamer, et en rentrant à la maison nous nous disions : *Nous partirons, mais quand?* »

Malgré l'insistance de Mage, Ahmadou, en effet, ne se décida à laisser partir les voyageurs que six mois encore après cette conversation. Chaque mois, chaque semaine, presque chaque jour, il fallait recommencer une scène analogue. *J'ai entendu,* répondait invariablement Ahmadou, et il continuait imperturbablement à retenir auprès de lui nos deux compatriotes. Il se décida pourtant à la fin à les laisser partir. Un traité d'alliance fut, par l'intermédiaire de Mage, conclu entre la France et le souverain africain, et le 7 mai 1866, lorsque le jour parut, MM. Mage et Quintin quittèrent Ségou Sikoro pour n'y plus rentrer.

Après avoir séjourné à Touroungoumbé, à Nioro où ils firent une entrée triomphale, à Birou, suivi la vallée de Guidioumé, traversé divers autres villages et s'être arrêtés quelques jours à Kouniakary, les explorateurs atteignirent Médine le 28 mai. Ils étaient à Bakel le 5 juin, arrivèrent le 15 à Podor, où ils s'embarquèrent pour Saint-Louis sur la *Couleuvrine,* bateau à vapeur que Mage avait antérieurement commandé. Arrivés à Saint-Louis, le 18 juin 1866, ils en repartirent dix jours après pour rentrer en France.

En 1863, lorsque Mage partait pour effectuer le voyage que nous venons d'esquisser, il y avait plusieurs années que tout commerce régulier était interrompu entre le Diombokho, le Kaarta et nos établissements de Médine et Bakel. Dès son retour, ce débouché fut ouvert à notre commerce. C'était un magnifique résultat qui valut à Mage la rosette d'officier de la Légion d'honneur.

Marche d'une caravane vers Tombouctou

VI

PAUL SOLEILLET

I

Paul Soleillet, le hardi explorateur de l'Afrique centrale, qui avait résisté aux terribles fatigues de quatre voyages successifs dans des contrées trop souvent meurtrières aux Européens, était mort depuis deux ans à peine (en septembre 1886), lorsque Nîmes, sa ville natale, lui éleva une statue.

Comme Crevaux, comme Garnier (au Tonkin), ce grand Français « a vraiment mérité que la postérité conservât le souvenir de ses traits ; comme eux, il a souffert, il a lutté, il a voulu assurer le triomphe de sa patrie et de la civilisation parmi des peuplades barbares; il a tenté d'ouvrir des voies nouvelles au commerce et à l'influence de ses compatriotes; il a trouvé la mort loin du sol natal, au milieu des douleurs provoquées par un climat meurtrier.

— « J'ai lu dans son œil, et je n'y ai vu que du bien. » — Telles sont les paroles que le cheick-marabou de l'Adrar, adressait à Soleillet qui était venu à lui sans armes, sans apparat, à travers les solitudes africaines. Courage et bonté, c'étaient, en effet, les qualités maîtresses de l'illustre explorateur. Un de ses amis M. Darnel, traçait en ces termes son portrait, en juillet 1880. « De haute taille et de forte complexion, son beau visage brun — aujourd'hui brûlé par les ardeurs tropicales d'un implacable soleil, — est en complète harmonie avec sa noble nature et frappe tout d'abord par l'expression d'une mâle énergie. Son front, nettement développé, dénote une intelligence supérieure l'épaisseur des sourcils peut laisser soupçonner au premier aspect une apparence de dureté mais, en détaillant le regard, tantôt animé, tantôt lent, toujours franc et vi — quelque maladif qu'il soit un peu devenu par les reflets ardents du sol saharien, — on trouve en lui cette double expression d'énergie et de mansuétude, de force et de bonté, de tenacité et de douceur, base de l'être moral, d'un homme capable de concevoir et d'accomplir de grands desseins. »

Paul Soleillet n'a pas attendu longtemps sa statue. Il revit maintenant dans le marbre. Nîmes, qui compte parmi ses enfants beaucoup de grands hommes, lui a donné un tour de faveur. Sa ville natale lui paie ainsi

« tout un arriéré d'honneurs et de récompenses qu'il n'avait pu obtenir de son vivant. » Elle a consacré de la sorte « la renommée de ce héros qui a tant travaillé; qui éprouva tant de déceptions; qui a sacrifié jeunesse, plaisirs, santé, au triomphe de la France extérieure. »

Ce fut le mercredi, 15 août 1888, que fut solennellement inaugurée la statue de Paul Soleillet.

« Le buste est d'une étonnante ressemblance : il est l'œuvre d'Amy. Le sculpteur a rendu l'expression de force et de gravité, d'audace et de patiente énergie que respirait la figure de l'explorateur. Paul Soleillet tourne ses regards vers ces arènes qu'il aimait tant et dont il emportait le souvenir, là-bas, dans le Sahara, dans le Choah, et le long de cette mer Rouge, où il est mort. Des discours ont été prononcés, qui célébraient sa gloire : par une inspiration touchante, on avait fait venir les enfants du voyageur; on les avait mis à une place d'honneur, on les avait fait participer à cette gloire qui, de leur père, rayonnait sur eux. »

II

Bien que né à Nîmes, le 29 avril 1842, Paul Soleillet fut élevé à Avignon. Dès l'enfance — écrivait M. Edouard Petit en 1888, — il eut le goût des voyages, des lointaines aventures, cette fougue, cet emportement vers l'idéal et vers l'inconnu, qui font les grands hommes. Avec quelques amis, dans le cabinet d'études sis en cette vieille maison avignonnaise qu'il habitait au quartier des Couvents, il parlait des découvertes, des vastes projets que méditait sa jeune ambition. Il se sentait surtout attiré vers l'Afrique, qui fut sa terre de prédilection, sa seconde patrie. Il alla visiter l'Algérie en 1865 et en 1866; puis la Tunisie. Ruiné par le commerce des tapis, il désintéressa ses créanciers, puis, en 1870, s'engagea dans l'infanterie. Il fut nommé caporal après la journée de Coulmiers. Bientôt après, il commença ses grands voyages.

Il n'a qu'une idée, qu'une passion, qu'un rêve de gloire : conquérir pacifiquement les vastes contrées de l'Afrique occidentale. Dès le début, il conforme sa conduite à sa maxime : « La civilisation par l'influence bienfaisante de la douceur et du savoir. » Il ne donne à ses explorations aucun caractère politique et militaire; il s'avance à travers les dangers que lui opposent la nature et les hommes, sans autre arme que la patience, doublée d'audace. En quinze années, que de marches, que de travaux! On le voit à El-Goléah, puis à la Terre promise d'In-Calah, presque inabordable aux Européens. Il essaye ensuite de traverser le Sahara du sud au nord; il part de Saint-Louis du Sénégal, visite le Cayor, traverse le pays habité par les Toucouleurs, gagne les rives du Niger, entre à Ségou, mais ne peut parvenir à Tombouctou.

Une sorte de fatalité l'écarte de la ville Sainte, qu'il ne pourra pas contempler comme Caillié, comme Lang, comme Caron. Au retour d'une excursion dans l'Adrar, où il est sur le point d'être massacré, il veut encore s'enfoncer dans le Soudan et se diriger vers la grande cité du Niger. Il arrive à Médine, mais il y est arrêté par ordre des autorités françaises, qu'il a critiquées dans une lettre rendue publique par l'indiscrétion maladroite d'un ami. Il est dépouillé de ses bagages, de ses effets; il est sur le point de mourir faute de vivres, faute de quinine pour combattre la fièvre. Il revient en France; il ne peut plus songer désormais à la réalisation de son principal projet : l'établissement d'une ligne ferrée reliant le Sénégal à l'Algérie, par Tombouctou et le Sahara.

L'ouest africain lui échappe, il se porte vers l'orient. Il n'a pu obtenir, par l'exécution du Transsaharien, la renommée qu'a conquise Annenkoff par l'achèvement du Transcaspien; il n'en pense pas moins à explorer une autre partie de l'Afrique pour y maintenir intacte et pour y agrandir l'aire de l'influence française. Il fonde des comptoirs à Obock, puis, il entre dans le royaume de Choah. Il est reçu par le roi Menelick, dont il gagne l'amitié et l'alliance. Il est doté de terres, de titres, de fiefs. A ce moment, il peut espérer que son œuvre est accomplie. Il revient en France, porteur de présents pour le président de la République; il repart pour Obock avec des dons pour le souverain éthiopien. Mais là-bas, en plein succès, dans le port d'Aden, sur terre anglaise, ce vaillant et ce fort meurt terrassé par la fièvre, en septembre 1886!

III

Voilà, en effet, rapidement et clairement esquissée l'existence courte, mais bien remplie, de ce grand Français. Nous n'avons point l'intention de raconter ici tous ses voyages en Afrique : nous nous bornerons à mentionner avec quelques détails son *Voyage à Ségou*, en 1878 et 1879, dont M. Gabriel Gravier, l'érudit et distingué secrétaire général de la *Société Normande de Géographie*, a été le fidèle et consciencieux historiographe.

Le malaise général dont sont frappées les affaires en France, disait Soleillet au moment de s'embarquer pour le Sénégal, « provient de la disproportion qui existe entre la production toujours croissante de l'industrie et les besoins limités du commerce. A cette cause unique un unique remède : la création de nouveaux débouchés.

« Nous devons chercher des débouchés partout, surtout en Afrique, où nous occupons une position exceptionnellement heureuse par la possession de l'Algérie et du Sénégal. Cette situation nous permet de prévoir le jour où notre influence s'étendra sans conteste sur toute l'Afrique occidentale, où notre commerce, notre industrie, notre civilisation seront prépondérants de Tripoli au lac Tschad, du lac Tschad au Benin, du Benin au cap Vert et du cap Vert au Maroc.

» Nous sommes parfaitement installés sur les deux mers qui baignent le nord et l'ouest de l'Afrique; les oasis du Sahara nous appartiennent où sont placés dans le cercle naturel d'attraction de nos départements algériens, et nos comptoirs de Médine (Sénégal) ne sont pas à cinq cents kilomètres du Niger.

» Malgré d'heureux et d'intelligents efforts, le Sénégal et l'Algérie ne nous ont cependant pas encore ouvert les marchés de l'Afrique centrale qui sont, pour ainsi dire sous notre main.

» Cet insuccès relatif a deux causes : le manque d'esprit de suite, la localisation des efforts tantôt à l'Algérie tantôt au Sénégal.

» Ce n'est ni l'Algérie, ni le Sénégal qui doit nous

ouvrir l'intérieur de l'Afrique : c'est l'*Algérie et le Sénégal*. Il ne s'agit pas simplement de la prospérité de l'une ou de l'autre de ces colonies, mais de la prospérité de la France. Devant cet intérêt majeur, nous n'avons pas à rechercher le moyen de faire dériver vers nos comptoirs du nord ou de l'ouest une partie du commerce de l'intérieur ; nous devons nous efforcer d'ouvrir l'Afrique à notre influence et à nos deux colonies. »

Faire connaître l'Afrique occidentale et préparer la réunion du Sénégal à l'Algérie, tel était donc le but que poursuivait Paul Soleillet.

IV

Il s'embarqua à Bordeaux, le 20 mars 1878, et le 30, à minuit, il arrivait en rade de Dakar, dans l'île de Gorée. Quatre jours après, il prend place sur un bateau conduit par trois gamins pour gagner le port de Rufisque, sur le continent ; de là il se rend à Saint-Louis à dos de chameau, et le 8 avril, à une heure de l'après-midi, il fait son entrée dans cette cité de notre colonie sénégalienne. Huit jours plus tard, en quittant Saint-Louis pour aller aux rives du Niger, Paul Soleillet écrivait : *Si je ne réussis pas, je recommencerai.*

Il remonte d'abord le cours du Sénégal à bord d'un aviso de l'Etat jusqu'à Fodor, puis continue à cheval son voyage vers l'intérieur africain.

Au poste d'Aéré, où il était arrivé le 27 avril, pendant le repas pris en compagnie des Européens du poste, Soleillet apprend d'un artilleur qui a longtemps voyagé sur les rivières du sud le curieux moyen employé par les noirs des environs pour donner la *trempe* à leurs canons de fusil :

« On vend aux noirs de mauvais fusils dont les canons » sont en fer ou en fonte de fer. Ceux-ci les démontent, » remplissent le canon d'huile de palme, bouchent la » lumière et le tonnerre avec un mastic particulier, puis » le placent sur le toit d'une case où il subit, pendant » toute une année, les rayons du soleil, le froid et la » pluie. Après cette préparation, il peut recevoir de très » fortes charges de poudre. »

Après avoir successivement campé, logé ou séjourné à Goléré, Osenaki, Saldé, Galaya, Kabilo, Odegui, Douloumagui, Soleillet arrive le 5 mai, au milieu du jour, au poste de Matam, commandé par un sergent qui lui fait le meilleur accueil. Il était rompu de fatigue et à moitié mort de soif.

Dès le lendemain, à quatre heures, Soleillet quitte le poste. Il suit — nous dit son historiographe, — une allée de beaux arbres parallèle au fleuve et aboutissant à une plaine couverte d'eau pendant l'hiver. Pour le moment, elle présente de beaux pâturages et nourrit de nombreux troupeaux. A quatre heures trois quarts, Soleillet et son compagnon Yagnelli passent devant Navéloki. Les rives du Sénégal sont couvertes de bois. Un hippopotame remonte tranquillement le fleuve, nageant entre deux eaux, soufflant de temps à autre, montrant parfois sa grosse et vilaine tête.

Vers six heures, nos voyageurs traversent des champs de maïs que des hommes défendent contre les oiseaux. Une bande d'enfants qui reviennent de l'école portent liés sur leurs têtes leurs livres, leurs tablettes et leurs vêtements. Chacun porte à la main, pendues à des ficelles, deux petites calebasses qui servent : l'une d'écritoire, l'autre de vase à boire et à quêter du grain pour le maître. Un taleb les accompagne et un aveugle est au milieu d'eux. Tout ce monde salue les voyageurs avec affabilité.

Après les enfants, une caravane de singes gambade et saute de branche en branche dans la direction d'un champ dont elle tentera le pillage la nuit prochaine.

Yagnelli

Ici le fleuve est sinueux, étroit, encombré de bancs de sable.

Un peu avant huit heures, Soleillet arrive à Garly.

Garly est un village d'été bâti sur le bord du fleuve, à l'endroit où passent les bateaux à vapeur pendant les hautes eaux.

Soleillet y voit, pour la première fois, des « cases-greniers. » Elles sont en torchis, sur des pieux, à 0m25 ou 0m30 du sol, et couvertes d'un toit conique en chaume.

Cette disposition est nécessitée par le voisinage des fourmis.

On voit à Garly beaucoup de coton et de palmiers-romiers.

Les voyageurs sont bien accueillis et logés passablement. Sur le soir, ils entendent des danses et des chants. C'est très gai, on est heureux dans ce coin de terre, mais le souper est maigre : du biscuit et du lait.

Le 9 mai, Soleillet atteignait Goumel, premier village Soni-nké du pays de Galam. Ce pays est en bordure du Sénégal : il est occupé par l'un des peuples les plus remarquables de cette région, que nous appelons *Serracolets*, et qui se nomme lui-même Soni-nké. « Les Soni-nké sont industrieux, laborieux et intelligents. Beaucoup s'adonnent au commerce et sont alors connus sous le nom de *dioulas* (marchands); un grand nombre descendent le Sénégal et se louent aux négociants ou à l'Etat qui les emploie à la navigation du fleuve. Dans ce dernier cas, ils sont désignés sous le nom de *laptot*. Ils se livrent aussi à la culture; ils excellent surtout dans celles du coton et de l'indigo. Ils sont habiles teinturiers et très bons tisseurs. Ils savent travailler les bois et les métaux, tanner et préparer les peaux dont ils font de beaux ouvrages de gaînerie, de sellerie et de cordonnerie.

« Les murs de leurs villages sont en terre battue, mêlée de pierres, très élevés, épais et flanqués de tours. Leurs habitations, également construites en terre, sont carrées, quelquefois à un étage, généralement couvertes en terrasse. L'intérieur des maisons, de même que le vêtement des hommes, des femmes et des enfants, est plus propre et plus décent que celui des autres noirs.

» La population se divise en ***Bakiris*** ou homme de guerre et en ***Sayhobés*** ou marabouts.

» Chaque village a un chef et ce chef est habituellement l'aîné de la famille du fondateur du village.

» Tous les Soni-nké du Galam obéissent à un chef unique, du nom de ***Tonka,*** qui est électif, mais toujours choisi dans la même famille.

» Les habitants de Goumel viennent avec empressement au-devant de Soleillet, et lui font un accueil sympathique. Beaucoup parlent français, plusieurs assez correctement.

» La plupart laissent pousser leurs cheveux et en forment cinq tresses. Plusieurs s'attachent sous le menton deux de ces tresses.

» Ils ont pour coiffure une espèce de bonnet de police en toile de coton, très épaisse, teinte en jaune ou en vert, cousus et piqués avec soin, avec de grandes oreilles qu'ils portent habituellement relevées. Un certain nombre d'entre eux se rasent la tête et se coiffent, comme les autres noirs, d'un bonnet de coton de forme conique...

» Chez les Toucouleurs, les hommes et les femmes sont sales et déguenillés, dans un état de paresse constant; dans le Galam, au milieu d'eux, on voit avec surprise une population laborieuse. Ici tout le monde travaille. Les femmes filent et tissent le coton; les hommes tissent ou font des nattes, cousent des bonnets, des boubous et des pagnes. »

Dix-neuf jours après son départ de Podor, Soleillet arriva au poste de Bakel, commandé par un capitaine d'infanterie de marine. La première partie de son exploration était terminée; mais ce n'était ni la plus fatigante, ni la plus périlleuse. Elle avait tout au moins eu pour résultat de montrer qu'un voyageur sans escorte, sans armes, accompagné d'un seul domestique, pouvait aller partout et que partout les noirs le recevaient bien.

V

Bakel est construit entre le fleuve et les collines qui le bordent. Le fort est au bord de l'eau. Devant, se trouve une place plantée d'arbres, et de cette place partent deux rues où se trouvent les magasins des traitants. Les villages indigènes sont formés de cases, qui sont en torchis pour les Soni–nké, en paille pour les Khasso-nké.

Soleillet, que la fièvre avait déjà commencé à épuiser, se reposa quelques jours à Bakel. Il en repartit seulement le dimanche 9 juin. En serrant les mains aux officiers français du poste, il éprouva une émotion bien légitime. « Il sentait se rompre le dernier lien qui le rattachait à la France que ces vaillants hommes représentent si dignement aux dernières limites de la civilisation. »

Le 14, il arrivait à Marma-Sagaré, petit village entouré d'un mur de terre muni de tours, où il se reposa pendant quelques heures dans la case (le tata en langue du pays), où Mage avait séjourné dans les derniers jours d'octobre 1863. Le lendemain, il était à Gakora, village maure entouré de murs en terre. Le 18, à neuf heures du matin, il entrait à Médine, dans le Haut-Sénégal, où il fut reçu par un homme très aimable et fort gai, le docteur Chevrier, originaire de la Charente, qui mourut peu après, victime de la fièvre jaune.

Le poste de Médine marque la limite de notre occupation sur le Sénégal. Comme centre commercial, il a peu d'importance, mais il en serait tout autrement le jour où nous entrerions en relations suivies avec l'empire du Ségou.

Il n'est point dans notre intention de suivre Soleillet pas à pas pendant toute la durée de son voyage et de son séjour à Ségou, chose qui deviendrait à la longue fastidieuse pour nos jeunes lecteurs. Bornons-nous donc à mentionner quelques épisodes de la fin de ce long voyage.

Après avoir traversé le Khasso, quitté à Moussala la rive gauche du Sénégal, pénétré dans l'empire du Ségou, en face de ce village et séjourné à Koulou, le hardi explorateur fut, le 25 juin, à Kouniakary, témoin d'un fait qui l'impressionna vivement et qu'il a raconté en ces termes à la *Société languedocienne de Géographie :*

Je viens, disait-il, « d'être témoin d'un fait qui dépasse en barbarie tout ce que j'ai encore vu en Afrique et tout ce que j'ai jamais lu en Europe. Vous savez que je n'ai que deux personnes avec moi, un interprète et un berger, de sorte que je suis obligé de prendre dans chaque village dix hommes pour conduire les ânes qui portent mes bagages.

« J'arrive ce matin, à huit heures trente minutes, en vue du village de Segala-Foulbé ; je m'assieds sous un énorme figuier à une portée de fusil des premières huttes ; je fais donner du mil à ma mule, dont je confie la longe à un jeune drôle qui nous suit depuis quelques jours sans que nous sachions pourquoi, et j'envoie l'interprète au chef de Segala-Foulbé pour lui demander dix hommes de bonne volonté, ce qui m'a été jusqu'à présent partout et toujours gracieusement accordé.

» Je me reposais sous mon arbre, lorsqu'à neuf heures dix minutes, je vois déboucher du village une longue file d'enfants : C'était un convoi d'esclaves. Ils passent, les pauvres petits, à vingt-cinq pas de moi. J'en compte d'abord huit de sept à douze ans, complètement nus, les filles comme les garçons, et portant sur leur tête un petit paquet cousu dans un lambeau de peau. Après eux marche un garçon de douze ans, tout nu également, avec un paquet sur la tête et un autre sous le bras droit. De la main gauche, il soutient un malheureux bambin de huit ans qui boite lamentablement en s'appuyant sur un bâton. Il a un pied empaqueté dans des feuilles sèches avec de la boue.

» Viennent ensuite six enfants de huit à douze ans. Eux aussi sont nus et ont la tête chargée. Une petite fille d'une douzaine d'années le suit; elle a un chiffon d'étoffe jaune autour des reins et porte un petit d'un an à peine, suspendu derrière le dos. Elle soutient d'une main le paquet, dont sa tête est chargée, et entraîne de l'autre un enfant qui n'a certainement pas plus de trois ans.

» La triste caravane continue à défiler. Voici encore trois petits misérables de cinq à six ans; on a eu pitié de leur faiblesse, ils ne portent rien. Moins heureux, les deux qui suivent, et qui ont deux ou trois ans de plus, plient sous une charge, et il leur faut encore traîner de la main gauche d'autres captifs qui n'ont que trois ans.

» Ils passent, les pauvres petits, mornes et résignés. Ils regardent droit devant eux d'un œil fixe. Que voient-ils? La veille, pour les malheureux, a ses hallucinations aussi bien que le sommeil. Peut-être voient-ils leur village attaqué, les cases qui brûlent; ils entendent les coups de fusil qui tuent les hommes, les cris des femmes, et ils sentent la main du ravisseur se poser sur leur épaule.

» Mais la caravane n'est point terminée encore. Il y a les bébés; ils sont cinq de trois à cinq ans, maigres, chétifs, mais souriant innocemment et regardant curieusement à droite et à gauche, en montrant leurs dents blanches, étonnés et inconscients. Derrière eux marche péniblement une jeune femme qui boite. Elle a le regard terne, les mamelles desséchées, et porte sur le dos un nourrisson de quelques jours à peine; il est encore presque blanc.

» Un grand garçon de treize à quatorze ans, joyeux, bruyant, un long fusil enfermé dans une gaîne de cuir sur l'épaule, vêtu d'un méchant boubou jaune, surveille la marche du convoi. Il va et vient, donnant une taloche par-ci, par-là. C'est le chien de ce troupeau. Il est esclave, on le mène au marché; il le sait, mais il a le droit de frapper, et il frappe; il commande, il est heureux.

» A cinquante pas derrière s'avance en se dandinant une sorte d'Hercule noir, à la figure paterne. Il est bien vêtu, lui; il a un beau boubou, un bonnet jaune à oreillères et de bonnes sandales de Ségou. Il tient une gaule à la main et s'amuse à l'écorcer avec un long couteau. C'est le maître. Lorsqu'il est devant nous, le marchand d'esclave s'approche de la mule, qu'il considère avec curiosité; cet animal n'existe pas dans le Soudan. Il vient à nous, s'asseoit et veut me tendre la main; je le repousse brutalement. Alors, sans s'étonner, il se relève en souriant et repart. Sans le vouloir, je viens d'être barbare, car les grands de la caravane, en voyant leur maître arrêté, s'étaient aussitôt jetés par terre auprès de leur paquet pour prendre un peu de repos, et les plus petits, roulés dans la poussière, se lutinaient comme de jeunes chats. »

Pour parvenir au Niger, qu'il atteignit à Yamina, Soleillet eut encore à traverser bien des villes ou villages, notamment Kimbé, Kamantéré, Diala, Niar'ané, Djiongo, Faraboubou, Yanguerdé, Benienkou, Samintéra, Guigné, Boro, Banamba, etc...

Avant d'arriver à Boro, dans un grand village nommé Tomboula, où il ne put obtenir pour son dîner que du ait et du mil grillé, il eut le soir, à neuf heures — comme compensation à son mauvais dîner, — un spectacle qui l'amusa beaucoup. C'était une danse comique, raconte M. G. Gravier. Des femmes et des filles assises en cercle frappent dans leurs mains en chantant. Un homme est debout au milieu du cercle. Il a près de lui sept garçons de dix à treize ans qui ont la tête dans un sac tout raide et orné de deux glands à ses angles supérieurs. A son commandement, ces enfants sautent et tournent sur un pied, puis sur l'autre, font des écarts, se mettent sur leur derrière, sautent sur les talons, exécutent, en un mot, une danse qui ressemble beaucoup à celle de Polichinelle. Le plus amusant, c'est quand l'un des enfants, n'observant pas bien sa distance, en accroche un autre. Les efforts qu'il fait pour se débarrasser le font tomber de l'un sur l'autre. Tous alors cherchent à s'éviter réciproquement et arrivent à s'entremêler de la façon la plus comique.

Yamina est une ville Soni-nkaise. Elle est située dans un emplacement admirable, en face de Nioro, du Tichid et du Tagant, au point où le Niger devient navigable, en toute saison, pour les grandes embarcations du pays. De Yamina au saut de Boussa on a une voie navigable de six cents lieues. C'est à Yamina, dit Soleillet, que devrait s'établir le négociant qui voudrait faire le commerce du Niger. Le fleuve est à cet endroit large de mille à quinze cents mètres. Ses rives sont basses, cultivées, ornées de quelques arbres.

La portion la plus longue et la plus fatigante du voyage était maintenant achevée et s'était accomplie sans trop de déboires. Le reste du trajet, pour atteindre Ségou, devenait une promenade pour un homme qui venait de traverser à cheval une aussi grande étendue de pays : en effet, celui-ci fut effectué en pirogue, sur le Niger. Soleillet s'embarqua à Yamina le lundi 30 septembre, à neuf heures du matin, et arriva le lendemain, à midi un quart, à Ségou-Sékorci, petit village entouré de palmiers d'où l'on aperçoit Ségou-Sikoro.

VI

Soleillet donne aussitôt l'ordre de tirer des coups de fusil jusqu'à l'arrivée à Ségou-Sikoro, ce qui amène sur la rive une grande partie de la population.

« La foule s'entasse de plus en plus devant les murailles et presque dans l'eau. Des jeunes garçons et des jeunes filles nagent curieusement autour de l'embarcation..... Cette foule est jaune, rouge, bleue, blanche. Elle crie et s'agite, moitié dans l'eau, moitié sur terre. Elle fait du bruit et du mouvement plus qu'on ne saurait le dire, et cela sous un soleil qui darde ses rayons perpendiculairement et donne aux choses de vifs contours, aux couleurs des tons qui sont inconnus ailleurs. »

Une fois débarqué, Soleillet traverse la ville par une large rue bordée de maisons dont quelques-unes ont un étage. Hors des murs, se trouve une place de douze cents à quinze cents mètres de côtés. C'est là qu'ont lieu les jeux, qui consistent en évolutions militaires faites par quatre régiments d'infanterie de douze cents à deux mille hommes chacun. Chefs et soldats sont des captifs connus, sous le nom de *Softas*. Chaque régiment est commandé par un colonel, qui lui donne son nom, et marche au son d'une musique particulière.

Parfaitement reçu par le sultan Ahmadou, Soleillet demeura à Ségou jusqu'au 30 janvier 1879, mais ne put obtenir de ce souverain l'autorisation de descendre le Niger jusqu'à Timbouctou. Les ressources pécuniaires lui manquaient d'ailleurs pour tenter la traversée complète de l'Afrique. « Si j'avais eu de l'argent, dit-il, j'aurais acheté une pirogue et des captifs, et tenté, même malgré l'émir, de descendre le Niger. Je pouvais, en un jour, sortir de ses Etats. Mais je n'avais en tout que deux mille francs de la *Société des Etudes maritimes et coloniales,* dix mille francs du ministère de l'Instruction publique, que je n'ai pas encore touchés, et cinq mille francs du Sénégal. C'est donc avec sept mille francs que j'ai fait ce voyage. Je n'en tenterai plus avec d'aussi faibles ressources. Il faut de quinze mille à vingt mille francs. Davantage serait un embarras, à cause de la difficulté des transports. Si j'avais reçu à Ségou les dix mille francs du ministère de l'Instruction publique, j'aurais certainement tenté, avec des chances de succès, de gagner Timbouctou et Alger. »

Il lui fallut donc se borner à séjourner à Ségou, pendant près de quatre mois. Il en profita pour étudier le pays et nouer des relations amicales avec l'émir Ahmadou.

Entre autres descriptions relatives à la ville de Ségou que nous devons à Soleillet, voici celle du palais de l'émir :

« Ce palais, dit-il, est encore tel qu'il fut décrit par Mage. Une muraille haute de six mètres avec des tours aux angles et sur le milieu des fronts, et gardée par des factionnaires, esclaves bambaras. Ces factionnaires sont parfois des enfants, incapables de résister ; mais on sait qu'ils ont une consigne, et le plus fier Toucouleur s'arrête devant lui. La première porte franchie, on en trouve une seconde, puis une antichambre longue de vingt mètres, large de dix, haute de trois, sombre, dont la toiture en chaume est soutenue par d'énormes piliers peints en jaune d'ocre. Le sol est couvert d'un sable fin. L'émir est accroupi sur une natte très fine et couverte d'une peau de chèvre. Il porte le costume déjà décrit, moins le turban. Il a devant lui son koran et sur son koran son sabre. A côté sont ses souliers, à sa droite est sa canne-sceptre. Autour de lui, une vingtaine de personnages sont accroupis sur le sable. »

Pendant le séjour de Soleillet à Ségou, il lui fallait être debout tous les jours, dès cinq heures du matin, car il était assiégé par les malades qui venaient le consulter. Quand il ne connaissait aucun remède à indiquer pour calmer les souffrances des malades, il se tirait souvent d'affaire par une plaisanterie.

« Les personnes d'un certain âge — raconte-t-il, — sont fréquemment atteintes de démangeaisons par tout le corps. La peau ne présente à l'œil aucune altération. J'ai essayé de tout ce que j'ai pu imaginer : vainement. Maintenant, avec tous ceux qui viennent pour cette affection, j'engage le dialogue suivant :

» — Louez Dieu avec moi.

» — Je le fais de tout cœur.

» — Parce qu'il vous a donné deux mains.

» — Dieu soit loué !

» — Qu'à chacune de ces mains, il y a cinq doigts.

» — Dieu soit loué !

» — Qu'au bout de ces doigts, il y a des ongles.

» — Dieu soit loué !

» — Et que vous pouvez vous gratter.

» Généralement, ils prennent bien cette plaisanterie ; cependant, Mustapha, l'ancien chef de Nioro, s'en est fâché. »

Ne pouvant continuer son voyage vers Timbouctou et Alger, Soleillet dut à la fin songer à retourner à Saint-Louis. Il ne quitta point Ségou sans une certaine tristesse.

« C'est aujourd'hui — écrivait-il dans la matinée du 20 janvier, — que je dois quitter Ségou-Sikoro. Après être resté cent douze jours dans cette ville, aussi loin de l'Europe, par les mœurs et les coutumes, que par la distance j'éprouve un sentiment pénible. J'ai toujours eu

Installation de Soleillet à Obock

avec les habitants de très bons rapports, et une certaine délicatesse de cœur ne me permet pas de traiter légèrement les moindres rapports de la vie. »

Soleillet partit donc à regret de Ségou et se mit en route pour rentrer à Saint-Louis. Un mois plus tard, comme il approchait de Médine, il retrouvait des visages français. Il venait, au coucher du soleil, de s'engager dans une route sous bois. Selon sa coutume, il s'avançait seul, à pied, son bâton à la main. Tout à coup, au détour d'un chemin, il entend prononcer distinctement des paroles françaises.

« Je descendais une petite côte, dit-il. Je hâte le pas et je vois, à deux cents mètres de moi, deux hommes en vareuse galonnée. En m'apercevant, ils s'écrient : « Monsieur Soleillet ! » En un instant nous sommes dans les bras les uns des autres, je leur serre la main, je les embrasse avec la plus grande émotion. L'un est M. Marchi, lieutenant d'infanterie de marine, commandant le poste de Médine. M. Marchi est actuellement capitaine (en 1887). Après avoir commandé le poste de Boufalabé, il va commander celui que nous devons établir à Kita. Il est l'un des plus vaillants pionniers que la France ait dans ces régions. De race corse, il supporte admirablement le climat du Soudan. Il est d'une gaieté inaltérable et d'une activité prodigieuse. Il sait se faire bien voir des noirs, a déjà rendu de grands services et en rendra, je l'espère, de plus grands encore.

» L'autre Français est M. Minier, médecin du poste. M. Minier, que j'avais vu, jouissant d'une santé parfaite, a été pris, peu après, d'une attaque de dyssenterie. Envoyé à Bakel, par M. Marchi, pour y recevoir les soins de son collègue, il succomba quelques instants après son arrivée, le 25 mai 1879.

» Ces messieurs, ayant appris mon arrivée, ont eu la bonne pensée de venir au-devant de moi. Ils m'emmènent au fleuve, où le canot du poste nous attend. Nous laissons la caravane et les bagages de l'autre côté de la rive; je ne garde avec moi que Yagnelli.

» Pendant la traversée du fleuve, on me parle de la terrible épidémie de fièvre jaune qui a sévi sur le Sénégal. A chaque nom que je prononce, on me répond, presque invariablement : Mort! mort!... c'est effrayant.

» Le soir, ces messieurs me font asseoir à une table splendidement servie, mais mon pauvre estomac délabré ne me permet pas d'y faire honneur. Moi, à qui l'on a toujours reproché d'avoir le premier abord d'une raideur britannique, je suis si heureux de me trouver avec des compatriotes, je suis si touché de leur cordial accueil, que je me laisse aller à causer comme si nous étions de vieux amis. Les conversations se prolongèrent bien avant dans la nuit et l'on me conduisit à la chambre où l'on m'avait préparé un excellent lit. Je n'avais plus l'habitude du lit et je n'ai pu dormir. Le lendemain, pour me reposer, je me suis couché sur un tapis, à côté du lit. »

Soleillet rentra à Saint-Louis, le 21 mars 1879, sur les quatre heures du soir.

VII

Nous avons dit un peu plus haut que le but poursuivi par Soleillet était de faire connaître l'Afrique occidentale et de préparer la réunion du Sénégal à l'Algérie, afin d'ouvrir de nouveaux débouchés à notre commerce. Mais par quel moyen y parvenir?... par quelle voie effectuer cette réunion?... Laissons, maintenant, la parole à l'explorateur lui-même.

« La France possédant l'Algérie et le Sénégal — écrivait-il à son retour de Ségou, — son influence, sa civilisation, son commerce, son industrie doivent régner dans l'*Ouest africain*, c'est-à-dire de l'Atlantique au méridien de Tripoli de Barbarie et de la Méditerranée au golfe de Guinée.

» Au point de vue géographique, nous remarquons dans cette région un grand fleuve, le *Niger*, et un grand désert, le *Sahara*.

» J'ai toujours été surpris de voir les Français s'efforcer, comme les autres nations, de pénétrer dans l'intérieur de l'Afrique par une voie fluviale. Pas plus que les Egyptiens nous n'avons à chercher cette voie : nous la possédons, il nous suffit de l'utiliser.

» Les Egyptiens ont le Nil, et depuis longtemps, ils ont résolu de donner pour limites à leur domination, les limites mêmes de son immense bassin.

» Nous, nous possédons le Sénégal, et par ce fleuve notre influence peut facilement pénétrer jusqu'au Niger, jusqu'au cœur de cette Afrique mystérieuse et barbare que nous appelons le Soudan de l'Ouest ; nous pouvons rendre tributaires de notre commerce et de notre industrie quarante millions de noirs actuellement en possession d'un pays qui, pour sa fécondité et la variété de ses produits, peut être comparé aux plus opulentes régions des Indes.

» Le Soudan est habité par des populations de mœurs douces, intelligentes et laborieuses. Les unes, comme les Bambaras, sont particulièrement douées pour les travaux agricoles; les autres, comme les Foulbé, pratiquent avec succès les industries pastorales; d'autres encore, comms les Soni-nkés, ont des aptitudes spéciales pour le commerce et les grands voyages. Il est évident que notre civilisation moderne, apportée par le commerce, ferait dans ces contrées de rapides progrès, et l'esclavage, cet enfant de la guerre, qui se maintient par la difficulté de se procurer un travail rémunérateur, par l'avilissement des produits qui n'entrent pas dans la consommation locale, l'esclavage s'évanouirait au contact de nos marchands et de nos industriels.

» Le Niger est remarquable par l'abondance de ses eaux, par ses débordements périodiques, par l'étendue et la majesté de son cours.

» Si un ingénieur devait creuser un canal pour le commerce et l'irrigation de cette immense et fertile contrée, il ne saurait choisir un tracé plus heureux que celui exécuté par la nature.

» En s'échappant des environs du mont Loma, il suit une direction sud-nord, traverse, jusqu'à Bammakou, une région montagneuse, et donne accès aux riches placers du Bouré. Il coule ensuite au milieu de terrains d'alluvion qu'il a créés, puis se partage en branches nombreuses, comme s'il en voulait rendre l'exploitation plus facile. Coulant toujours du sud au nord, il touche au territoire de Timbouctou, tête de ligne des caravanes du Sahara occidental. A trois degrés à l'est de Timbouctou, il tourne au sud-est et va se jeter dans le golfe de Guinée.

» Ce fleuve serait parfait sans les rapides de Boussa qui, jusqu'à présent, furent pour le commerce une barrière infranchissable.

» Le Niger forme ainsi deux bassins distincts : l'un, en aval de Boussa, accessible par l'Océan ; l'autre, en amont de Boussa, accessible par le Sénégal.

» De Médine, point où le Sénégal cesse d'être navigable, à Bammakou, point où le Niger le devient jusqu'aux chutes de Boussa, il n'y a pas deux cents lieues, tandis que de Bammakou à Boussa, il y en a plus de cinq cents, et que de Médine à Saint-Louis, par le Sénégal, il y en a deux cent quarante. Une route de terre, entre Médine et Bammakou, nous ouvrirait donc une voie navigable de cinq cents lieues.

» Si l'on veut bien observer que les cataractes du Fellou et de la Gouina, qui interrompent la navigation du Sénégal, ne sont pas des obstacles insurmontables, on reconnaîtra que ce fleuve pourrait être ouvert jusqu'à Bafoulabé, et même plus loin dans la direction du Niger. De plus, entre ces points encore indéterminés et le Niger, il serait facile, en utilisant les eaux des lacs et des marigots, qui sont nombreux, de faire communiquer, par un canal, le fleuve français avec le fleuve soudanien. Ce projet n'est pas nouveau. Il était le but principal de la mission donnée à Mage, en 1863-66, par le gouverneur Faidherbe.....

» Devons-nous attendre pour profiter du Niger, qui est à nos portes, que le Sénégal soit canalisé et prolongé artificiellement jusqu'au fleuve soudanien? Pour moi, je suis d'avis que mieux vaudrait commencer modestement par la construction, entre Médine et Bammakou, d'une route pour char à bœufs.

» Pour une telle route, il suffirait d'enlever les broussailles sur une certaine largeur. La dépense ne serait pas de deux cent mille francs. On pourrait même s'entendre avec Ahmadou, le sultan de Ségou, qui se chargerait volontiers de faire exécuter le travail par des captifs. Cette route nous ouvrirait la navigation du Niger depuis Bammakou, jusqu'aux chutes de Boussa; elle nous permettrait de pénétrer pacifiquement dans le Soudan occidental, d'entrer en relations directes avec les quarante millions de noirs qui le peuplent.

» Entre nos possessions de l'Algérie et du Sénégal se trouve le Sahara ou Grand Désert, dont la superficie égale celle de l'Europe, moins la Russie.

» Le Sahara est peu habité et peu cultivé, mais il n'est pas inhabitable et incultivable; nous voyons au contraire que, partout où l'homme s'est fixé, de riches oasis ont surgi..... Le Sahara est donc cultivable. Est-il habitable?

» Il est non seulement habitable, mais il passe pour être l'une des régions les plus saines du globe, celle où l'on rencontre le plus fréquemment des centenaires, tant de race blanche que de race noire.

» Si nous trouvons dans les régions sahariennes des contrées désertes par suite de la rareté de la population, il y a, dans certaines régions du Soudan, une population par trop dense. C'est même en grande partie à cet excès de population que la Nigritie doit l'esclavage.

» Je tiens à le déclarer, car nous l'oublions trop facilement, l'esclavage africain ne date pas du jour où les Européens demandèrent à l'Afrique des travailleurs captifs pour leurs colonies : il existait bien avant, et la suppression de la traite sur la côte occidentale ne l'empêche pas d'exister..... Nous ne pouvons mettre fin à cet état de choses par un acte d'autorité. L'esclavage ne disparaîtra que peu à peu, à mesure que notre civilisation pénétrera dans les populations africaines.....

» En résumé, je me suis donné pour but d'ouvrir à l'influence française les mystérieuses contrées que baigne le Niger ; de donner à ma patrie une vaste région où elle puisse se développer librement et pacifiquement ; de créer une colonie française de races différentes qui augmenterait notre nombre et notre force, qui nous aiderait à faire les grandes choses que l'Afrique réclame de nous.

» Les véritables conquêtes de l'époque actuelle ne sont pas œuvre militaire, mais œuvre industrielle et commerciale. Lesseps a fait autant pour la gloire de son pays que Turenne et Bonaparte. Tous les peuples ont pu lui prodiguer la louange, car tous peuvent profiter de ses travaux. Le canal de Suez, quels que soient ses propriétaires, donnera la prépondérance à la Méditerranée, conséquemment aux races latines, dont l'importance a toujours été en raison directe de celles du commerce méditerranéen.

» Un grand œuvre nous reste à faire en Afrique. Je ne sais si je pourrai l'accomplir par moi-même, mais nul ne me ravira l'honneur d'en avoir été le promoteur : je veux parler de la construction d'une voie ferrée pour mettre en communication Alger avec Timbouctou et Timbouctou avec Daker.

» Cette voie créerait à travers l'Afrique un courant de civilisation et fonderait entre nos deux colonies l'influence française. Par cette double voie de Timbouctou à Dakar et à Alger, les produits du Sahara et du Soudan afflueraient dans nos ports de l'Océan et de la Méditerranée ; un marché de quarante millions de consommateurs serait ouvert à notre commerce ; une route intercontinentale mettrait l'Amérique du Sud en relations directes avec la Méditerranée. »

Le docteur Bayol

VII

MISSIONS ET EXPLORATIONS

DANS LE HAUT-SÉNÉGAL ET LE HAUT-NIGER

(1879-1883)

I

« Les découvertes des voyageurs dans ces dernières années — disait M. de Freycinet, ministre des travaux publics, dans un rapport en date du 12 juillet 1879, — ont montré que l'Afrique centrale est loin d'être ce que l'on supposait. Là où l'on croyait n'exister que de vastes déserts et des contrées arides, il est prouvé, au contraire, que de grandes agglomérations d'hommes vivent dans un état plus ou moins voisin d'une demi-civilisation. Des villes d'une réelle importance par le nombre de leurs habitants s'élèvent sur les bords des lacs et le long des cours d'eau. Le Sahara lui-même n'est pas tel que le dépeignaient des observations incomplètes ou superficielles..... Le Soudan paraît être la partie la plus notable de ce vaste ensemble. La population y est évaluée par certains voyageurs à plus de cent millions d'âmes. Un grand fleuve, le Niger, le traverse sur la moitié de son territoire. Les habitants sont laborieux, et les éléments d'un trafic international paraissent y exister à un haut degré. Des deux côtés, par l'Algérie et par le Sénégal, ce pays peut être abordé en surmontant des difficultés plus ou moins considérables. Le problème, depuis vingt ans, a tenté nombre d'esprits : le moment semble venu de le résoudre pratiquement... »

Le 25 septembre de la même année, l'amiral Jauréguiberry, ministre de la marine, présentait au Président de la République un rapport d'où nous détachons le passage suivant :

« Cette terre d'Afrique, encore mystérieuse, attire à la fois la curiosité des géographes, la sollicitude des esprits libéraux et les légitimes convoitises du commerçant et du colonisateur. Il s'agit, en effet, d'un monde nouveau à entraîner dans le courant du progrès industriel et à conquérir à la civilisation.

» La France ne pouvait rester étrangère à ce mouvement. Le rôle le plus important appartient, en effet, dans cette question, à notre pays qui, par l'Algérie, possède une notable partie du nord de l'Afrique, et par le

Sénégal pénètre dans l'intérieur de ce continent à une distance de cent soixante-dix à cent quatre-vingts lieues, à l'aide d'un fleuve dont toutes les populations riveraines reconnaissent notre souveraineté. Aussi n'avons-nous jamais cessé d'étendre dans ces deux directions le rayonnement de notre influence. Après avoir envoyé dans l'Ogoué et dans le Ségou des explorateurs qui ont recueilli des données précieuses sur ces contrées peu connues ou non encore explorées, le gouvernement français n'a pas hésité à confier l'étude de ces importantes questions à une haute commission composée des hommes les plus spéciaux auxquels il a confié la solution du problème ardu de l'établissement d'un chemin de fer destiné à relier à travers le Sahara notre colonie algérienne à nos possessions de la côte occidentale d'Afrique.

» L'étude de cette idée grandiose, qui se poursuit avec tout le développement qu'elle comporte, a fait surgir un autre projet d'une réalisation infiniment moins laborieuse et qui a rencontré tout d'abord la faveur de la commission. Je veux parler de la construction d'une voie ferrée entre le Sénégal et le Niger. Ces deux grands fleuves, qui se jettent à la mer à une distance considérable l'un de l'autre, ne se trouvent plus séparés dans leur cours supérieur que par un intervalle de cinq cents kilomètres environ, formé par une contrée d'une grande richesse. Or, tandis que le Sénégal est navigable dans presque toute son étendue, durant une partie de l'année, le Niger est obstrué par des rapides qui interdisent absolument l'accès de la mer aux riverains de la plus belle partie de son cours. Faire affluer vers notre colonie, par un fleuve français, les produits naturels de ce bassin si merveilleusement doté et jusqu'ici sans issue, tel est le but de ce projet dont j'ai déjà jeté les bases principales... »

Nous verrons un peu plus loin, dans un autre chapitre, (*Le colonel Gallieni et le lieutenant Caron. — De Saint-Louis à Tombouctou. — Le chemin de fer du Soudan*), que ce chemin de fer, décidé à la suite du séjour de Mage dans l'empire du Ségou, est aujourd'hui exécuté. Mais, avant d'en commencer l'exécution, de nombreux explorateurs, depuis le capitaine Gallieni jusqu'à Paul Soleillet, durent encore parcourir et visiter non seulement les contrées sur lesquelles s'étend notre protectorat, mais la plupart des pays voisins, trop souvent gouvernés par des souverains aveuglés par l'étroit fanatisme musulman. Plusieurs missions topographiques ou scientifiques, des expéditions militaires, furent organisées dans ce but par le gouvernement français. Quelques-unes d'entre elles font l'objet du présent chapitre.

II

Tout d'abord, mentionnons rapidement les deux missions, successivement organisées par le général Brière de l'Isle, alors gouverneur du Sénégal, et commandées par le capitaine d'infanterie de marine Gallieni, aujourd'hui colonel et à son tour gouverneur de notre colonie de l'Afrique occidentale.

L'une, pour laquelle M. Gallieni s'était adjoint M. le lieutenant Vallière, avait Bafoulabé pour objectif. Les explorateurs étaient chargés de parcourir la région entre Médine et Bafoulabé, de reconnaître le terrain au point de vue du passage d'une route entre ces deux points, de lever la carte du pays, de choisir un emplacement convenable pour l'établissement d'un poste à Bafoulabé, — et enfin de nouer des relations avec les chefs de divers états malinkés, compris entre le Bafing et le Bakhoy, sur lesquels nous n'avions encore que des données très vagues, de manière à nous préparer, au point de vue politique, l'accès vers les régions du Haut-Niger.

Partis de Saint-Louis à la fin d'août 1879, MM. Gallieni et Vallière étaient à Bafoulabé, le 12 octobre. Ils en repartirent le 17 du même mois, et le 22 ils rentraient à Médine.

Les différents travaux de cette mission, mirent en évidence la possibilité de lier des relations amicales avec les peuplades au-delà de Bafoulabé, et de créer assez facilement entre Médine et Bafoulabé une route ou une voie ferrée destinée à relier ces deux postes. Sur un trajet de près de cent trente kilomètres, on ne signalait que quatre points présentant quelques difficultés.

L'autre mission, également confiée au capitaine Gallieni, fut, comme celle de Mage, envoyée à Ségou. Ses travaux durèrent de mars 1880 à avril 1881. Voici à son sujet les détails mêmes publiés en 1884, par le ministre de la marine et des colonies :

Le pays compris entre le Haut-Sénégal et le Haut-Niger avait été traversé par Mage en 1862. Cet officier avait d'abord été à Kita ; puis, de là, il s'était dirigé sur Ségou par Nioro ; il n'avait donc visité qu'une partie de cette région qu'El-Hadj-Omar venait alors de traverser, ne laissant derrière lui que des ruines. Depuis vingt ans, quelques-uns des anciens habitants avaient osé revenir ;

ils avaient construit de nouveaux villages. Le désert se repeuplait peu à peu. On savait cela vaguement à Saint-Louis; le ministre de la marine et le gouverneur, le colonel Brière de l'Isle, songeaient à reprendre les projets du général Faidherbe et à porter jusqu'au Niger notre influence et notre commerce.

Une mission, dont le chef était le capitaine Gallieni, fut chargée de parcourir le pays qui s'étend entre le Haut-Sénégal et le Haut-Niger, d'en étudier soigneusement les populations et les ressources et de traiter avec les chefs au nom de la France; elle devait aussi pousser jusqu'au Niger dont Bammako semblait le point le plus accessible et le plus avantageux, d'après les renseignements fournis par les voyageurs et les indigènes.

La mission devait y installer un résident français; ensuite, si la chose était possible, elle descendrait le Niger, pour aller à Ségou, se mettre en relation avec Ahmadou, fils d'El-Hadj-Omar, et tâcher d'obtenir de ce souverain une protection efficace pour le commerce.

On sait qu'avec les chefs indigènes on ne peut entrer en relation sans donner préalablement des cadeaux. Aussi le gouvernement mit-il à la disposition de M. Gallieni, une grande quantité d'objets de toute espèce, toiles, sabres, verroteries, etc., qu'un convoi d'ânes devait transporter. On lui adjoignit deux officiers des troupes de la marine, l'un de l'artillerie, le lieutenant Pietri, l'autre de l'infanterie, le lieutenant Vallière, qui devaient s'occuper de la conduite du convoi et de levés topographiques.

Un médecin de la marine, le docteur Tautain, était

attaché à la mission que devait aussi accompagner le docteur Bayol, le futur résident de Bammako.

Un guerrier mandingue

Une petite troupe de vingt tirailleurs et dix spahis du Sénégal devait servir d'escorte et de protection. Le petit nombre de ces soldats ne pouvait d'ailleurs inspirer aucune méfiance aux villages que l'on traverserait, et leur montrerait, au contraire, que le but des Français était tout pacifique.

La mission fut constituée à Bakel et à Médine. Une centaine d'âniers avaient été recrutés dans ces deux postes pour conduire les deux cent cinquante ânes et les douze mulets nécessaires au transport des vivres et des cadeaux.

Le 22 mars 1880, la mission partit de Médine en suivant la route reconnue cinq mois auparavant par MM. Gallieni et Vallière jusqu'à Bafoulabé, où le convoi arriva le 1er avril. Le même jour, il franchit le Bafing. Le 2, il quitta le poste français pour suivre la rive gauche du Bakhoy. M. Gallieni put avoir alors quelques renseignements précieux sur la route qu'il avait à suivre jusqu'à Kita. Deux mois auparavant, le lieutenant Marchi, le premier commandant du poste de Bafoulabé, avait reçu l'ordre du gouverneur de préparer des approvisionnements en mil dans le pays, aussi loin que possible.

Cet officier, dans un voyage très rapide, accompagné seulement d'un interprète et de quelques porteurs de Guinée, avait poussé jusqu'à Kita et donnait les plus rassurantes nouvelles jusqu'à plus de deux cents kilomètres au-delà de Bafoulabé

Il avait confié le mil qu'il avait acheté aux chefs des divers villages, et il faut rendre cette justice aux indigènes, que tous les dépôts furent fidèlement gardés.

M. Vallière précédait la mission, l'annonçait dans les villages où elle devait passer, levait l'itinéraire et indiquait les parties de la route où quelques travaux étaient nécessaires pour faciliter le passage aux bêtes de somme.

La réception que reçurent partout les Européens dans le Makadougou et le Bétéadougou fut très cordiale. On voyait en eux des protecteurs qui sauraient tenir en respect les musulmans, car les sentiments qui dominaient étaient la haine et la crainte de ces derniers. Ces malheureuses populations, appauvries et décimées, vivaient dans une perpétuelle appréhension. Aussi tous leurs souhaits se résumaient dans ces deux mots que les interprètes répétaient à satiété aux officiers français : « La paix et la tranquillité. »

Les cadeaux que le capitaine Gallieni distribuait largement, augmentaient encore l'empressement avec lequel il était partout accueilli et l'insistance des indigènes pour garder les blancs un jour de plus chez eux. C'est ainsi que le 10 avril on arriva à Badumbé, dernier village du Bétéa.

Rien de particulier ne distinguait ces villages les uns des autres. Tous sont situés dans la plaine, à petite distance de la rivière. La plupart sont entourés d'un mur en terre, haut de trois mètres environ et d'épaisseurs variables.

Tous étaient à peu près également pauvres, surtout en bétail, soit que depuis le passage des Toucouleurs, ils n'eussent pas eu le temps de reformer de grands troupeaux comme autrefois, soit que la garde du bétail contre les pillards fût trop difficile.

Quant aux transactions commerciales, il est bien clair qu'il ne pouvait y en avoir avec ce manque absolu de sécurité.

On acceptait quelquefois notre agent, mais on n'avait

aucune idée de sa valeur, et il n'avait pas d'autre utilité pour eux que de servir à la fabrication de bracelets pour leurs femmes.

Le pays qu'allaient parcourir les Européens en quittant Badumbé était désert depuis le passage d'El-Hadj-Omar. D'après les indigènes, il avait été très peuplé, bien cultivé et riche; par cela même, les conquérants s'étaient acharnés contre lui avec plus de rigueur et l'avaient impitoyablement ravagé. Le siège et la prise de Fangala sont restés dans les esprits comme un souvenir épouvantable et ces mêmes noirs, si difficiles à émouvoir, que rien n'étonne, ne racontaient pas sans fierté que les musulmans avaient proposé aux vaincus de leur laisser la vie sauve et de les associer à leurs conquêtes s'ils voulaient faire le Salam. Tous avaient refusé et tous avaient été massacrés.

A quarante kilomètres de Badumbé, la mission franchissait à gué le Bakhoy et entrait dans le Fouladougou. Ce pays, d'une vaste étendue, est limité à l'est par le Baoulé qui le sépare de Bélédougou. Il est divisé en deux régions, occidentale et orientale, parfaitement distinctes, ayant une enclave remarquable, le pays de Kita, qui était le premier objectif de la mission. Le Bakhoy fut franchi à Toukoto le 14 avril. De ce point, le capitaine Gallieni détachait sur sa gauche le lieutenant Pietri pour reconnaître le cours du Bakhoy, puis du Baoulé, en remontant vers l'est. On n'avait sur le pays qu'arrosait cette rivière que des renseignements très vagues, et la carte de Mage présentait en ce point une lacune importante.

Le Fouladougou comprend cinq ou six villages, entre

autres Goniokory où résidait autrefois le chef du Fouladougou et dont Mungo-Park parle dans ses notes de voyage. Le souvenir du voyageur écossais durait encore chez les indigènes qui avaient entendu leur père en parler.

Ces villages plus éloignés des Toucouleurs ont par cela même une sécurité plus grande que les villages du Makadougou et du Bétéadougou; ils cultivent un peu plus de mil, et font, avec ce grain, une boisson fermentée : le *dolo*. — Dans tout le pays, des ruines attestent le passage des musulmans. Les chefs du Fouladougou accueillirent les Européens avec amitié.

Le 21 avril, la mission arrivait à Kita, pays relativement très populeux.

Quinze villages sont construits autour du massif de ce nom; ils ne sont pas entourés de murs en terre comme ceux du Fouladougou, et les habitants, à la moindre apparence du danger, avaient l'habitude de gravir rapidement la montagne où ils cachaient leurs provisions, et cherchaient à défendre les rares et mauvais passages qui y donnaient accès.

Au commencement de ce siècle, au temps de la puissance des Massassis, la sécurité était encore moins grande dans la plaine; aussi les villages étaient-ils situés sur le massif même, dans les parties les plus difficiles à aborder et où n'habitent plus maintenant que de nombreuses bandes de singes. Les populations de Kita n'ont jamais connu la sécurité du lendemain qui seule peut encourager au travail. Encore aujourd'hui, elles se souviennent des incursions des Bambaras du Kaarta et ont pour eux une aversion très marquée.

Les chefs du pays de Kita hésitèrent longtemps à faire acte d'indépendance en signant le traité offert à leur acceptation. Ils craignaient les représailles des Toucouleurs.

La mission marcha ensuite sur Bammako. Il y avait deux routes à suivre pour y arriver. La première, la plus directe, prenait à l'est, traversant le Fouladougou et le Bélédougou. L'autre, plus longue, prenait au sud : c'était la route des caravanes qui vont de Nioro au Niger, passant par Mourgoula et le Manding, puis redescendant vers le nord-est, en suivant le cours du Niger.

Cette dernière présentait un grave inconvénient. Il fallait passer par Mourgoula où habitaient des Toucouleurs dépendant de Ségou. Ceux-ci gouvernaient, ou pour mieux dire, opprimaient au nom d'Ahmadou le Birgo et les pays environnants. Ils étaient donc des ennemis de Bammako et la mission pouvait craindre de n'être reçue dans cette dernière ville qu'avec la plus grande méfiance, si elle était soupçonnée d'être en relations d'amitié avec Mourgoula. Un des Maures commerçants de Bammako, que M. Gallieni ramenait de Saint-Louis, et en qui il pouvait avoir confiance, Abderramane, disait même qu'il ne répondait de rien, si on arrivait dans son pays, après avoir traversé ce village ennemi.

Par le Bélédougou, au contraire, la route était plus courte et on pouvait espérer que les habitants, amis de Bammako, recevraient la mission avec autant de sympathie que le Fouladougou en haine d'Ahmadou.

Le capitaine Gallieni se décida donc à passer par le Bélédougou; mais, pour s'éclairer sur le pays et les populations qu'il laissait à sa droite, il détacha le lieutenant Vallière du côté de Margoula et du Manding. Cet officier devait le rejoindre à Bammako.

Le 28 avril 1880, le convoi partait de Kita et se dirigeait vers l'est. Pendant ce temps, le chef de la mission essayait de réconcilier les habitants de Kita avec le village de Goubanko, qui en était distant de douze kilomètres au sud. Il obtint des promesses de paix des deux côtés, promesses qui furent oubliées le lendemain. Comme marque de bonne volonté, Goubanko fournit des guides qui égarèrent volontairement le convoi dans le Fouladougou, et qui disparurent à la frontière du Bélédougou.

Le pays compris entre Kita et Koundou, est celui qui a su le moins réparer les désastres que lui ont infligés les musulmans. Il est à peine habité bien qu'il ait été autrefois peuplé et qu'il y ait eu des villages florissants, comme l'atteste Mungo-Park qui les a traversés, et comme le prouvent les ruines fréquentes qu'on rencontre. Les indigènes qui ont pu échapper au massacre sont maintenant répandus dans le Manding.

La mission Gallieni ne trouva que trois villages sur un parcours de cent kilomètres qui séparent Kita de Koundou. Ce dernier seul était un village assez important contenant peut-être cinq ou six cents habitants.

Le 4, le capitaine Gallieni arrivait lui-même avec le convoi et, campé sur les bords du Baoulé, il recevait les envoyés du chef de Guissoumalé, village le plus proche du Bélédougou, qui lui souhaitaient la bienvenue. Mais la mission ne devait pas traverser le Bélédougou, avec autant de bonheur que le Fouladougou.

Une des parties les plus importantes du petit Bélédougou avait pour capitale Daba : la mission n'avait reçu aucun renseignement sur ce pays qu'elle ne connaissait pas. Le chef de Daba, soit qu'il fût mécontent de voir les blancs traverser son pays, soit qu'il trouvât l'occasion excellente de s'emparer d'un riche convoi destiné à son ennemi acharné, Ahmadou, recruta une bande d'un millier de guerriers dans tous les villages de la région, s'entendit avec les autres chefs séduits par l'espoir d'un riche butin, et le 11 mai, au passage d'un ruisseau encaissé et fangeux, près de Dio, la mission française était attaquée, avait bientôt quatorze de ses indigènes tués et parvenait à grand'peine à battre en retraite, vers le Niger, en abandonnant tous ses bagages pour emporter ses blessés.

Si le capitaine Gallieni n'avait pas fait preuve de beaucoup d'énergie et de sang-froid, si même il n'avait pas trouvé chez ses compagnons de route et chez les soldats indigènes un courage et un dévouement à toute épreuve, toute la mission aurait misérablement péri entre Dio et le Niger.

Bammako n'était pas, comme l'on croyait, une grande ville commerçante ayant une grande autorité sur ses voisins. C'était la capitale d'un petit Etat, autrefois très prospère et riche, il est vrai, mais déchue depuis que la conquête de Ségou par les Toucouleurs, en détruisant tout le commerce du Haut-Niger, l'a coupée de Tombouctou, ville avec laquelle elle n'a plus de communication. Toute sa puissance, qui venait de son commerce, est tombée avec lui. Ce sont les villages plus guerriers du Bélédougou, qui ont maintenant la prépondérance.

Ces derniers se sont soumis un instant au nouveau

prophète musulman, mais ils ont bien vite secoué le joug, et toutes les expéditions d'Ahmadou n'ont jamais eu d'autre résultat que la prise d'un village ou deux qui, d'ailleurs, se reforment ensuite. Une sécurité et un bien-être relatifs règnent dans ces pays qui ont su se défendre des Toucouleurs. Le sol produit largement tout ce qui est nécessaire à la vie. Il produirait bien plus si les habitants y trouvaient quelque intérêt. On n'y construit pas de cases à toit de paille, mais des maisons en terre, plus solides et mieux soignées, dans lesquelles la subdivision en chambres séparées est connue. Les villages y sont nombreux et considérables ; la population y est beaucoup plus dense que dans le Fouladougou et même que dans tout le pays compris entre le Baoulé et le Bafing. On y connaît une monnaie, le cauri (1).

Bammako avait reçu le lieutenant Pietri, qui y précédait le capitaine Gallieni, avec beaucoup d'amitié. Grâce à l'empressement des commerçants maures, tous les chefs du pays s'étaient réunis le 10 mai, et ils avaient accepté en principe toutes les propositions qui leur avaient été faites y compris le résident. Mais, à la nouvelle du pillage de la mission, leurs bonnes intentions s'étaient évanouies. Quelques Maures cependant nous étaient restés fidèles, et grâce à l'un d'eux, Karama Cobilé, officiers, soldats et âniers, arrivés exténués, trouvèrent à manger. Les officiers, bien que réduits à la plus grande détresse, résolurent de poursuivre leur route et, puisqu'ils n'avaient pas réussi dans le premier objet de leur mission, c'est-à-dire à conclure un traité avec Bammako, ils voulurent du moins entrer en relations avec Ségou.

(1) Sorte de coquillage.

Le lieutenant Vallière venait précisément d'accomplir avec bonheur la reconnaissance dont il avait été chargé à Kita. Il avait vu l'Almamy à Mourgoula, et avait recueilli de précieux renseignements sur le Manding et les pays environnants. Grâce à lui, la mission put se décider en connaissance de cause sur la route à suivre en quittant Bammako. Remontant le Niger jusqu'à Dialiba, M. Gallieni fit revenir par le Manding et par Mourgoula, sur Bafoulabé, le docteur Bayol, et les âniers désormais inutiles. Cette route était celle que venait de suivre le lieutenant Vallière sans être inquiété, accompagné seulement de deux tirailleurs et d'un muletier. La mission, considérablement diminuée, passa le Niger le 15 mai à Dialiba et se trouva de l'autre côté à Torella, village qui dépendait immédiatement de l'autorité d'Ahmadou. Elle prit la route de Ségou, mais s'arrêta le 1er juin, sur l'ordre du sultan, au village de Nango, à trente-cinq kilomètres environ de Ségou. C'est là qu'elle passa dix mois en communications fréquentes avec le roi par l'intermédiaire de deux notables, dont l'un était l'ancien hôte de Mage à Ségou et l'autre un des chefs du Diom-Foutou (garde royale). C'est là aussi que le capitaine Gallieni conclut, au mois de novembre 1881, avec le premier ministre Seydou Djeylia, qui représentait Ahmadou, un traité où la mauvaise foi des Toucouleurs se donna libre carrière, quand ils durent le traduire en arabe et le présenter au roi; ce dernier prolongeait sans motif apparent le séjour des officiers français dans son pays, et avait toujours quelque raison pour ne pas signer le traité.

Enfin, après bien des lenteurs, des hésitations de la

part d'Ahmadou, après bien des alternatives douloureuses des Européens, ceux-ci se croyaient à la veille du départ, lorsqu'on apprit qu'une colonne française était à Kita et que Goubanko était détruit. Cette nouvelle indisposa d'abord fortement les musulmans; mais ensuite elle ne fit qu'accélérer le départ de la mission. Le 5 avril 1881, elle arrivait à Kita, où elle était reçue par le colonel Borgnis-Desbordes, commandant de l'expédition militaire qui fait l'objet du prochain chapitre.

III

A la fin de 1879, après le voyage à Bafoulabé de MM. Gallieni et Vallière, le gouverneur du Sénégal, obéissant aux intentions de la commission du transaharien, résolut de faire parcourir tout le pays situé entre le Cayor et Bakel dans le but d'étudier le meilleur tracé à adopter pour une route ou voie ferrée, destinée à relier la ligne de Saint-Louis à Dakar avec le chemin de fer de pénétration vers le Haut-Sénégal et le Niger.

Pour remplir cet objet, il organisa trois missions dirigées par des officiers, en fixant à chacune d'elles la zone à reconnaître. MM. les lieutenants d'artillerie de marine Pietri et Marly, furent chargés d'étudier le terrain de Saint-Louis à Guédé, la capitale du Toro. M. le lieutenant d'infanterie de marine Jacquemart, avec M. le sous-lieutenant Galibert d'Auque pour adjoint, reçut la mission d'explorer le pays situé entre Guédé et notre poste de Bakel en traversant les territoires du Toro, du Lao, du Fouta indépendant et du Gay annexé. Enfin la recherche de la possibilité d'un tracé plus direct entre

Saint-Louis et Bakel — entre le Cayor et le Haut-Fleuve, — fut confiée à M. le lieutenant d'infanterie de marine Monteil, auquel avait été adjoint M. le sous-lieutenant Sorin.

Mentionnons encore la mission hydrographique dont fut chargé M. le capitaine d'artillerie de marine Pol dans le Haut-Sénégal, de Bakel à Médine (du 29 février au 20 mai 1880), et arrivons à celle de M. le docteur Bayol dans le Fouta-Djallon.

Le Fouta-Djallon (ou Fouta-Dialo), — lisons-nous dans la *France dans l'Afrique occidentale*, publication faite en 1884 par le Ministère de la marine et des colonies, — situé entre les postes français des rivières du sud de la colonie du Sénégal et les sources du Niger, semble être, à l'aspect d'une carte générale, la route naturelle pour atteindre le bassin du grand fleuve soudanien ; c'est en effet la direction la plus courte. D'autre part, la renommée de fertilité et de richesse du Fouta-Djallon est telle dans l'Afrique occidentale que la France devait nécessairement songer à porter son effort colonial de ce côté.

En 1881, le Ministère de la marine résolut de faire explorer ce pays par M. le docteur Bayol. Déjà plusieurs missions françaises et anglaises avaient fait connaître en partie cette contrée ; nous citerons les voyages de Mollien, en 1814, du lieutenant Lambert, accompli il y a vingt ans, et enfin de M. Aimé Ollivier, vicomte de Sanderval, rentré seulement en 1880. M. Bayol devait compléter les travaux de ces divers voyageurs.

Le chef de la mission était accompagné de MM. Billet, astronome, et Noirot, photographe. Les voyageurs munis d'argent, d'instruments et de cadeaux, s'embarquèrent à Bordeaux le 5 avril 1881.

Après s'être rapidement organisée à Dakar, la mission gagna Boké, notre poste de Rio-Nunez, dans les premiers jours de mai, et le 17 du même mois, elle s'engageait sur une route inexplorée suivant la ligne de faîte, qui sépare le bassin de Rio-Nunez de celui de Rio-Pongo. Le convoi, assez important, comprenait quatre chevaux, quatre mulets et cent porteurs.

Les fatigues des premiers jours usèrent les forces de M. Billet qui dut quitter la mission et rentrer en France. Le départ de ce jeune savant fut des plus regrettables, surtout au point de vue des travaux géographiques que la mission devait rapporter. La mission réduite à son chef et à M. Noirot n'en continua pas moins sa route.

L'hivernage arrivait, il fallait se hâter. M. Bayol traversa rapidement la région montagneuse et salubre qui sépare le Bambaya du Timbi. Il constata la fertilité de la vallée du Kakrina, cours d'eau qui se réunit au Koukoulo pour former le Koukouray, fleuve qui se jette dans l'Océan, au sud de Kapparou, et paraît appelé à un grand avenir commercial, car sa vallée constitue le chemin d'accès vers les hautes régions du Fouta-Djallon.

C'est, le 1er juillet 1881, que la mission française, après un pénible voyage accompli sous la pluie, atteignit Donhol-Fella, où résidait l'Almamy du Fouta-Djallon, Ibrahima-Sory. Après quatorze jours de laborieux palabres, M. Bayol et l'Almamy signaient, à Timbo, un traité qui plaçait le Fonta-Djallon sous le protectorat de la France et l'ouvrait à notre commerce, moyennant une rente annuelle de dix mille francs.

Le docteur Bayol donne au Fouta-Djallon, les limites suivantes : au nord, la Gambie; à l'est, le Dialiba (Niger); à l'ouest, elles s'arrêtent au Rio-Pongo, au marigot de Keutao et englobent le pays de N'Gabou; au sud, elles s'étendent au-delà du pays de Kébou...

Le pays était commandé, lors du passage de la mission française, par l'Almamy Ibrahima, signataire du traité avec la France.

Cette immense région est très accidentée; elle présente des massifs montagneux importants, d'où descendent des fleuves et des rivières qui vont, soit dans l'Océan, soit vers le fleuve du Sénégal, soit enfin vers le Niger. On y rencontre des vallées profondes d'une grande fertilité entretenues par des cours d'eau qui coulent toute l'année. Le pays fournit en abondance tous les produits de l'Afrique intertropicale et possède de nombreux troupeaux de bétail. La beauté des cultures a beaucoup frappé le docteur Bayol.

Ces contrées sont très salubres; les maladies des voyageurs résultaient bien plus des privations et des fatigues supportées que de l'influence du climat. Peut-être aussi leur passage dans les régions basses du Rio-Nunez avait-il altéré leur santé. Les plateaux du Fouta-Djallon sont très élevés.

La population est une des plus denses de l'Afrique; elle est fort laborieuse et a le goût des échanges. Un courant commercial très actif, traverse le Fouta-Djallon et va des factoreries européennes de la côte occidentale aux marchés nègres du Haut-Niger. Sarébowal, notam-

Divertissements des indigènes

ment, est sans cesse traversé par le va-et-vient des caravanes.

Les détails topographiques manquent encore pour se prononcer dès à présent sur la possibilité de créer une route commerciale facile à travers le Fouta-Djallon pour atteindre le Niger, mais les côtes élevées des plateaux de ce pays indiquent de grands mouvements de terrain à franchir, difficultés qui n'existent pas sur le trajet par la vallée du Sénégal.

Le 30 août 1881, la mission française, après un nouveau séjour à Donhol-Fella, reprenait la route de Timbo et cherchait vainement à passer dans le bassin supérieur du Niger. Elle dut se diriger vers le nord pour rentrer à notre poste de Médine sur le Sénégal. Elle compléta ainsi la reconnaissance du Fouta-Djallon, visita le Labé, le Yan-Berem, le Tamgué et le Niocolo. Elle put relever les deux sources de la Gambie et du Rio Grande déjà visitées par Mollien, en 1814.

Le 20 septembre, elle était à Syllacounda sur la Gambie, elle franchissait ce fleuve et entrait dans les pays malinkés. Elle visita le Bélédougou qui a pour capitale Mamakono, où elle fut un instant inquiétée. M. le docteur Bayol réussit à se faire un ami du chef de ce pays et passa avec lui un traité de commerce et d'amitié. La mission franchit ensuite la Falemé à Gesseba, traversa le Bambouck et arriva à Médine, le 17 septembre.

Du Rio-Nunez à Médine, la mission Bayol avait parcouru treize cents kilomètres; la route avait été relevée à la boussole de dix minutes en dix minutes. M. Bayol rapportait des indications géographiques importantes et des renseignements qui établissent que le pays parcouru offre de grandes ressources et peut avoir un avenir commercial très sérieux.

Le 5 janvier 1882, la mission arrivait à Bordeaux avec une ambassade *peuhl* chargée de faire ratifier les traités avec le Fouta-Djallon.

IV

Le capitaine Bonnier, à qui une mission topographique fut confiée en 1882, fut en outre chargé de se rendre dans le Bafing, afin de conclure un traité d'amitié avec le roi Sago-Bamaka. Le Bafing, province située à cheval sur le fleuve du même nom, au sud de Gangaran, est habité par des Malinkés.

Le capitaine quitta Kayes, le 16 novembre : à son arrivée à Fatafi, dans le Gangaran, il prépara un traité qui mettait le Bafing sous le protectorat de la France, et se mit définitivement en route pour sa destination, le 13 décembre. Dès que la petite troupe, commandée par le capitaine, fut arrivée à Cassan, où résidait le roi Sago-Bamaka, Kané Moussa, fils du souverain, courut prévenir son père que « le blanc » était arrivé et qu'il désirait le voir. Il revint ensuite chercher le capitaine Bonnier et l'introduisit par une porte ménagée au « tata » qui entoure l'habitation de son père, au milieu d'une cour où se trouvaient réunis toute la famille du roi et les principaux notables du pays.

Sago-Bamaka, écrit le capitaine Bonnier dans son rapport, « est un beau vieillard, à la figure franche et sympathique. Sa longue barbe blanche lui donnait un aspect vénérable et ses grands yeux noirs regardaient droit et avec intelligence. Il était habillé, comme tous les indigènes, d'un « boubou » blanc qui lui tombait très bas; un bonnet malinké cachait en partie ses cheveux ramassés en petites tresses courtes. Il portait des bijoux de fer, de cuivre et d'or à toutes les extrémités, aux pieds, aux mains, aux doigts, aux oreilles.

» Je lui dis que je venais de la part du grand chef des blancs lui proposer un traité d'amitié.

» Une peau de bœuf avait été préparée en face de lui, il me pria de m'y asseoir pour causer.

» J'étais à ce moment l'objet de tous les regards. La plupart de ces indigènes n'avaient pas encore vu de blanc et j'étais pour eux un sujet d'étonnement. Moi-même, j'examinai avec curiosité tous ces visages noirs sur lesquels se reflétaient si bien les sentiments qu'ils éprouvaient, moitié crainte, moitié confiance. Ils ignoraient le but de ma visite. Ils connaissaient la marche en avant du colonel Desbordes, qui personnifiait pour eux le guerrier par excellence, le chef devant lequel tout tombe et à qui tout obéit. Habitués à voir les conquérants de leur race s'imposer par la force, chez les faibles encore plus que chez les puissants, en prélevant des tributs, en ruinant les vaincus et même les alliés, ils avaient peine à croire que les blancs ne suivraient pas les mêmes errements, les laisseraient libres chez eux, encourageraient leurs efforts au travail. Mais Kané-Moussa, adepte fervent de notre cause, leur avait répété ce que je lui avais dit : « que nous n'étions nullement méchants; » que nous ne voulions de mal à personne; que nous » voulions vivre en paix avec tous; que nous cherchions » uniquement à les rendre plus heureux en leur appre-

» nant ce que nous savions et ce qu'ils ignoraient, en » portant nos étoffes, nos bibelots, notre poudre, nos » instruments; que nous ne prenions jamais rien sans » le payer; que nous n'acceptions de cadeaux que contre » remboursement. » Peu à peu la confiance finit par s'établir.

« J'avais fait disposer autour de moi les cadeaux que j'avais apportés à l'intention du roi; ils attiraient les regards de convoitise des indigènes. Mais leurs yeux couraient des étoffes au papier que je tenais à la main, et qui avait le don d'éveiller chez eux une crainte superstitieuse.

» Il y avait là tous les notables du village; seules, quelques femmes de la famille du chef avaient été admises au palabre. La vieille femme préférée de Sago-Bamaka était à ses côtés, habillée de vêtements blancs et propres qui contrastaient avec les loques sales et déchirées de la plupart des assistants. Elle souriait et manifestait son contentement en me montrant les étoffes; c'était pour elle ce qu'il y avait de plus important dans toute cette affaire.

» Le roi écouta attentivement la lecture du traité, et faisait de temps en temps des signes d'acquiescement. Mais quand j'eus fini et que je lui expliquai que, s'il consentait aux clauses du traité, il fallait qu'il signât avec moi les papiers, il ne parut pas bien convaincu de l'utilité de cette formalité. — « ***Ce n'est pas la peine* » *d'écrire*** », me dit-il, « ***je suis l'ami des blancs et j'ac-* » *cepte ce que tu viens de me dire.*** » J'eus quelque peine à lui faire comprendre qu'une fois qu'il aurait apposé sa marque au traité, rien ne pourrait plus rompre nos conventions. Il finit par prendre la plume que je lui tendais et s'exécuta de bonne grâce. »

Le soir, il y eut un *tam-tam* en l'honneur de l'envoyé du chef des blancs. Le roi s'excusa, vu son grand âge, de n'y pouvoir assister, mais ses fils étaient présents. Les griots avaient mis une sourdine à leurs instruments et à leurs chants. Ce n'étaient plus les vociférations criardes des chanteurs, les sons bruyants des tabalas frappés à tour de bras par des griots frénétiques. Un murmure doux et monotone avait remplacé le tapage habituel. La calebasse de dolo circulait de mains en mains.

« Une vieille surtout, dit le capitaine, attira mon attention. Elle chantait d'une voix haute et ferme en me regardant bien en face.

» — ***Elle chante ce que les noirs appellent la chanson du Colonel,*** — me dit mon interprète qui m'en traduisit quelques passages :

» Le colonel est arrivé avec ses canons. — Chefs,
» renversez vos tatas, ils ne peuvent tenir contre les
» canons du colonel. — Guerriers, laissez votre poudre,
» elle ne peut rien contre les canons du colonel. —
» Femmes, laissez courir vos enfants; on ne les volera
» plus; ils sont protégés par les canons du colonel... »

« Mais bientôt le dolo a produit son effet; les visages s'animent, les danses s'accentuent, les griots, oubliant toute retenue, font vibrer leurs instruments avec rage. »

Le lendemain, dès l'aube, après avoir pris congé du roi, le capitaine Bonnier et ses compagnons se mirent en route pour regagner Fatafi. Une longue file de Malinkés marchaient devant eux; ils avaient tenu à les accompagner jusqu'aux limites des lougans, que l'envoyé du chef des blancs franchissait bientôt, emportant les souhaits de ses hôtes.

V

Comme nos lecteurs le verront au chapitre suivant, la chute politique de la citadelle toucouleure de Margoula, — magnifique couronnement de l'expédition du colonel Borgnis-Desbordes, — eut lieu le 22 décembre 1882. Immédiatement, le colonel chargea M. le capitaine de cavalerie Delanneau de parcourir le Birgo.

Cet officier avait pour mission de visiter les villages du Birgo et du Gadougou, de leur apprendre que l'Almamy et son ministre Suleyman étaient chassés de Mourgoula; que les habitants du Birgo étaient dorénavant placés sous le protectorat de la France et qu'ils dépendaient du commandant de Kita; que les divers villages reconnaîtraient un chef choisi par le colonel parmi ceux du pays, que ce chef serait l'intermédiaire entre l'autorité française et les habitants du Birgo.

Il devait, en outre, être bien entendu que les caravanes traverseraient librement leurs pays; qu'ils mettraient leurs villages en état de défense et augmenteraient leurs productions agricoles pour nous vendre ce dont nous aurions besoin.

Le rapport fait par M. Delanneau à la suite de sa mission est des plus intéressants, comme on va s'en convaincre par les passages suivants que nous reproduisons textuellement :

« Dans le Birgo, j'ai été reçu, je pourrais dire avec

enthousiasme, si l'enthousiasme n'était pas un sentiment inconnu de la race noire; de plus, ces hommes, annihilés depuis vingt-quatre ans et réduits à l'état de bêtes de somme, jamais sûrs de leurs biens ni du lendemain, ne pouvaient positivement pas croire que leur position fût devenue tout à coup aussi avantageuse sans qu'il leur en coutât ni un coup de fusil, ni une mesure de mil.

» Cette race des Peuls du Birgo, qui fut autrefois, dit-on, une race fière et guerrière, m'a paru absolument abrutie par l'asservissement qui pesait sur elle, et on le comprendra si l'on sait qu'elle était soumise à des exactions de tous genres. Pour la moindre infraction à ses volontés, l'Almamy les mettait à l'amende. Pour donner un exemple, je dirai que le chef de Bentendion, étant venu à Kita apporter du mil l'année dernière, fut puni d'une amende ainsi que les hommes qui l'accompagnaient.

» Suleyman faisait de temps à autre des tournées dans les villages; pendant ses séjours il fallait le nourrir, lui et sa suite, et en partant il emmenait encore quelque jeune femme ou quelque captif sans compter les provisions de toutes sortes. Les Toucouleurs eux-mêmes, sujets de l'Almamy, ne se gênaient pas pour ramasser de leur côté tout ce qui leur tombait sous la main : captifs, femmes ou productions du sol.

» Une main de fer pesait sur ce pays et le souvenir ne s'en effacera que peu à peu, lorsqu'on sera assuré du départ définitif et sans retour des chefs des Toucouleurs. La venue d'un officier de votre colonne pouvait seule confirmer aux chefs les nouvelles qu'ils avaient apprises et les décider à se rendre à Kita. Je ne croyais pas qu'ils se seraient décidés aussi vite à répondre à votre appel, connaissant la lenteur habituelle des noirs à prendre une décision

» J'ai reçu de tous les chefs une adhésion pleine et entière à vos volontés. La question du respect des caravanes et des voyageurs était d'ailleurs facilement résolue, car il y a longtemps que ces malheureux ont perdu l'habitude de piller les autres, mais ils savent ce que c'est que d'être volés et rançonnés.

» Pour plus de sécurité, l'Almamy avait défendu d'établir des tatas autour des villages qui devaient être absolument ouverts. Sitakoto et Bintendian possèdent seuls des tatas. Le premier est en très mauvais état ; le second, un peu mieux entretenu, conserve cependant des brèches et ses portes sont enlevées par ordre de l'Almamy.

» A Sélindian, j'ai réuni les chefs des trois villages de Sélindian, Kroukoto et Diamafé ; j'ai engagé les deux derniers à se fusionner avec le premier, leur village étant trop peu important pour y élever un tata.

» A Balandougou, j'ai fait la même observation aux chefs de Kama et de Secourou–Sou, qui sont de la même famille que celui de Balandougou.

» Je me suis décidé à ne pas aller visiter les villages de Soucourou-Sou et de Kama dont j'avais d'ailleurs vu les chefs ; de plus ces villages se trouvent dans la montagne et, pour y arriver, il faut suivre un chemin inaccessible aux chevaux et aux mulets.

» Trois autres groupes de cases, Dalaba, Nianfa et Famdiani n'ont pas été visités ; ils sont également sans importance et dépendent d'un autre village. Quant à Koukouroundi et Niaga-Koura, vous les avez traversés, l'année dernière, dans votre marche sur le Niger. Dans tous les villages, je n'ai trouvé aucun Toucouleur et tous les chefs descendent d'anciennes familles du Birgo.

» Dans le Gadougou, à Galé, j'ai été admirablement reçu. J'ai fait part à Bassi, un chef Gadougou, des communications dont vous m'avez chargé.

» La nouvelle du départ de l'Almamy était connue de lui, mais ne l'avait impressionné que fort peu, car depuis notre installation à Kita, le Gadougou a cessé de payer aux Toucouleurs l'impôt personnel. Sadio, chargé à Galé des perceptions au nom de Suleyman, n'exerçait ses droits que sur les caravanes; il avait d'ailleurs cessé ses exactions dès qu'il avait appris le départ de l'Almamy; et je me suis assuré que deux caravanes étaient passées exemptes de toute taxe.

» Sadio, qui est un Toucouleur du Boudou, est installé depuis longtemps à Galé et désire y rester; il n'était le préposé de Suleyman que par suite du hasard. Bassi, qui l'aime beaucoup, lui a donné une de ses filles en mariage.

» Je n'avais pas à voir les chefs des autres villages du Gadougou, puisqu'ils ne sont pas indépendants et relèvent de l'autorité de Bassi. Je crois néanmoins que cette autorité est plus nominale que réelle, celui qui l'exerce étant trop vieux maintenant pour se faire obéir. »

VI

Mentionnons encore en terminant le présent chapitre, d'abord la mission de MM. les capitaines Bonnier,

Brisse, Riou, etc., en 1883, dans le petit Bélédougou et le pays de Bammako; puis celle de MM. Bayol et Quinquandon, la même année, dans le grand Bélédougou; enfin la remarquable mission topographique dirigée en 1880-1881 par M. le chef de bataillon d'infanterie Derrien; etc., etc.

Après avoir lu tout ce qui précède nos jeunes lecteurs comprennent maintenant quelles ont été l'importance et la difficulté des travaux préparatoires à l'établissement de voies de communication dans ces pays africains. Le chemin de fer du Soudan, de Kayes à Bafoulabé, est à peine terminé en 1889. Mais cette petite ligne de pénétration dans l'intérieur de l'Afrique n'est, sans doute, que le commencement d'une voie ferrée beaucoup plus longue et bien plus importante, — peut-être de ce *transaharien* qui, d'après Paul Soleillet, devrait traverser l'Afrique de part en part et relier notre colonie du Sénégal à celle de l'Algérie. En fait de progrès, le premier pas est souvent le plus difficile à faire, et ce premier pas est maintenant fait, et bien fait.

Le colonel Borgnis-Desbordes

VIII

LES TROIS CAMPAGNES DU COLONEL BORGNIS-DESBORDES

I

La brillante et remarquable expédition du lieutenant-colonel Borgnis-Desbordes (1880-1883), a sa place marquée dans ce volume consacré aux *Explorateurs français en Afrique*. Elle a eu des résultats tellement importants qu'une simple mention serait insuffisante : aussi lui consacrons-nous un chapitre spécial. Nous nous servirons largement pour cela des documents et des détails donnés à ce sujet, dès 1884, par la *France dans l'Afrique occidentale*, la publication du ministère de la marine et des colonies que nous avons eu déjà l'occasion de citer.

« Vous opérerez, écrivait le 4 octobre 1880, l'amiral Cloué, ministre de la marine, au commandant de l'expédition ; vous opérerez en partant de ce principe que le but de la campagne 1880–81, doit être l'établissement prescrit des postes, par conséquent l'occupation du pays jusqu'à Kita, et l'étude des régions du Haut-Sénégal, entre Bafoulabé et le Niger, en vue de l'établissement d'un chemin de fer reliant Médine, point où le Sénégal cesse d'être navigable, à Bammako, Manabougou ou Dina sur le Niger.

» Vous aurez donc à établir le plus rapidement, le plus solidement possible, et successivement, des postes dont la position sera approximativement Fangalla, Goniokory et Kita. Choisissez vous-même l'emplacement des postes, et vous adopterez, au point de vue stratégique et en tenant compte de l'importance capitale de la proximité de l'eau potable, le tracé et le mode de construction qui vous sembleront le mieux résoudre la question. Vous aurez, en outre, à compléter les installations de Bafoulabé. Vous ne perdrez pas de vue que le poste de Kita doit avoir une importance exceptionnelle, parce qu'il est destiné à nous assurer la domination du pays jusqu'au Niger et à servir de base à nos opérations;

il sera donc indispensable d'y accumuler tous les moyens de défense dont on disposera et de tout organiser en vue de l'occupation permanente de ce poste par une garnison de deux compagnies de tirailleurs, largement approvisionnée de vivres pour huit mois au moins.

» Au-delà de Kita, le pays est occupé par les populations Bambaras du Bélédougou, qui ont attaqué et pillé, sans provocation aucune, le convoi de M. le capitaine Gallieni. Il conviendra d'aviser aux mesures à prendre pour châtier les auteurs de cette agression, afin qu'il soit bien entendu que, si nous avons l'intention d'occuper pacifiquement le pays dans les conditions des traités passés avec les chefs indigènes et avec le cheik Ahmadou, nous voulons cependant inspirer un profond sentiment de respect à nos voisins..... »

Voilà donc le but de l'expédition nettement défini et déterminé. Ajoutons cependant que le lieutenant-colonel Borgnis-Desbordes devait en outre prêter son concours et son aide au chef d'une mission topographique qui avait à se livrer à une étude sérieuse des contrées parcourues par l'expédition militaire.

II

Les débuts de la campagne ne furent point heureux. Les fonds nécessaires avaient été votés tardivement, et, par suite, l'arrivée du personnel et du matériel à Saint-Louis eut lieu à une époque telle qu'il devint impossible d'atteindre Médine et même Kayes sur les avisos. En effet, la baisse des eaux du Sénégal avait été plus rapide que de coutume. Le *Badibou* put seul arriver jusqu'à cinquante-trois kilomètres en aval de Médine; les autres transports furent obligés d'échelonner leurs arrêts tout le long du fleuve. A la date du 17 novembre, la situation était la suivante : tout le personnel et tout le matériel étaient abandonnés sur la berge sur une longueur de plus de trois cents kilomètres. De plus, le lieutenant-colonel Borgnis-Desbordes était retenu par la maladie à Saldé. Le 11 décembre seulement, il fut en état de reprendre son commandement, et se rendit à Médine à cet effet.

Le 2 janvier 1881, les derniers convois arrivaient à cette station, et huit jours après la colonne expéditionnaire se mettait en route.

Le départ de Médine fut triste. Les soldats européens, plus ou moins atteints par l'épidémie de fièvre typhoïde ou par des fièvres paludéennes, étaient fatigués, anémiques, démoralisés; mais les officiers étaient vaillants, pleins d'entrain. Cela devait suffire pour relever bientôt les courages. Aussi, lorsque le capitaine Marchi, qui avait déjà été jusqu'à Kita et connaissait les durs labeurs qui nous attendaient, disait au commandant supérieur quelques instants avant de partir en éclaireur :

« Mon colonel, vous arriverez à Kita avec vos officiers » et vos noirs, mais vos soldats blancs resteront le long » de la route, » — le colonel lui répondait :

» Je vous donne rendez-vous à Kita, et nous y serons » tous ou à peu près, nègres et blancs, je vous en » réponds. »

La colonne, après huit jours de marche, arrivait à Bafoulabé, ayant parcouru cent trente-cinq kilomètres.

A Bafoulabé, la colonne se débarrassa de ses malades

au nombre de vingt-quatre dont dix-neuf Européens et cinq indigènes. Il ne restait plus que trois cent trente-huit combattants formés par deux cent dix–neuf indigènes et cent dix-neuf Européens.

Le passage du Bafing qui, à Bafoulabé, a près de cinq cents mètres de large et une grande profondeur, était une opération assez complexe, car on ne disposait que de trois mauvaises petites pirogues du pays pouvant contenir au maximum neuf hommes. Aussi le passage dura-t-il trois jours. Les hommes passaient dans les pirogues; les animaux, chevaux, mulets, ânes et bœufs étaient jetés à la rivière et placés de chaque côté de la pirogue, la tête tenue hors de l'eau par un homme au moyen d'une corde ou d'un bridon. On fut assez heureux pour n'avoir aucun accident de personne à déplorer; il n'y eut qu'un mulet et un âne noyés. Le 7 février, à dix heures du matin, la petite colonne expéditionnaire campait dans la plaine de Kita.

Un grand village, Goubanko, situé à dix-sept kilomètres de Kita, répondait par un défi aux paroles de paix d'un envoyé du colonel. Il fallait couper court à ces velléités de résistance que le moindre acte de faiblesse aurait bien vite transformé en une hostilité générale qui aurait mis la petite colonne en grand péril. Aussi, le 11, à quatre heures du matin, par une nuit noire, on marcha sur Goubanko. Nos soldats étaient attendus par les habitants et ils furent obligés de livrer un combat meurtrier pour s'emparer du village.

Les travaux du fort de Kita furent alors poussés avec la plus grande activité. Tous les villages malinkés qui avaient douté de notre puissance et avaient témoigné de leur mauvais vouloir croyaient maintenant à la protection efficace que nous pouvions leur assurer, et, par suite, ne craignaient plus de nous venir en aide.

Cependant, toutes les difficultés étaient loin d'avoir disparu par le fait seul de la prise de Goubanko. Les Toucouleurs considéraient les habitants de cette ville comme leurs sujets ; ils étaient en cela conséquents avec la prétention qu'ils affichaient très haut de tenir sous leur domination tous les peuples de la vallée du Bakhoy; et en ce qui concernait particulièrement Goubanko, cela était d'autant plus extraordinaire que cette ville, assiégée trois fois par les Toucouleurs et pendant plus de trois mois, avait repoussé ses agresseurs, maintenu son indépendance et continué ses exactions et ses violences tout autour d'elle. Il fallait, néanmoins, ménager l'orgueil des Toucouleurs, d'autant plus qu'à la veille de l'attaque, le colonel avait reçu une dépêche ministérielle modifiant les premières instructions et insistant sur ce point que le mouvement en avant devait être fait pacifiquement.

Le gouverneur, en transmettant cette dépêche, avait ajouté ces mots :

« Vous ne perdez pas de vue que nous avons beau-
» coup à ménager les Toucouleurs dont le chef supé-
» rieur a entre les mains le personnel de la mission
» Gallieni. »

Par suite de ces nouvelles instructions, dès le 17 février, le colonel envoya un de ses officiers, le capitaine du Demaine, escorté du peloton de spahis, à Mourgoula, citadelle toucouleure élevée par El-Hadj-Omar, dans une très belle situation, à soixante-trois kilomètres au sud-est de Kita : elle avait pour objet d'assurer le maintien de la puissance des Toucouleurs dans la vallée du Bakhoy.

Par les entretiens qu'il eut à Mourgoula avec Abdallah, Almamy de Mourgoula, et Suleyman, ministre d'Ahmadou qui se trouvait également dans la citadelle, le capitaine du Demaine se convainquit que, à Ségou, on voyait avec peine notre établissement à Kita, dont le résultat serait de détourner les caravanes de la route de Mourgoula, privant ainsi cette ville des droits énormes qu'elle perçoit sur celles-ci. Par suite, la prétendue alliance entre les Français et les Toucouleurs était donc absolument factice et destinée à être rompue du jour où ceux-ci se croiraient en mesure de le faire sans danger.

Les travaux du fort furent continués jusqu'au 7 mai, veille du départ de la colonne expéditionnaire pour rentrer à Médine. Le capitaine Monségur demeura à Kita, en qualité de commandant de Cercle, avec cent trente-cinq hommes, dont cent un indigènes. Le poste de Kita était de ce fait définitivement établi.

Pendant cette première campagne, la colonne, en considérant son rôle exclusivement militaire, avait parcouru sept cent cinquante-six kilomètres à pied, et près de huit cents kilomètres sur des chalands. Elle avait attaqué et pris Goubanko et fait reconnaître, d'une façon effective et sérieuse, notre protectorat de Bafoulabé à Kita.

III

La deuxième campagne, en 1881-82, devait avoir pour objet d'aller jusqu'au Niger et de s'y établir. Le ministre de la marine avait approuvé les propositions qui lui avaient été faites à cet égard par le colonel Borgnis-

Desbordes; mais, au moment où les derniers ordres étaient donnés pour la concentration du personnel, une épidémie de fièvre jaune vint tout compromettre. Le gouverneur de Lanneau, qui avait succédé au gouverneur Brière de l'Isle, fut une des nombreuses victimes de cette terrible maladie.

Le ministre dut alors renoncer au programme tout d'abord adopté et décida qu'on se bornerait à ravitailler Bafoulabé et Kita, à faire les travaux qu'on pourrait avec les seules ressources en hommes que la colonie serait susceptible de fournir; car il était impossible d'envoyer en ce moment de nouvelles troupes au Sénégal. La fièvre jaune les aurait décimées dès leur débarquement.

Le nouveau gouverneur — le colonel Canard, — arriva à Saint-Louis, le 2 octobre 1881. On se remit immédiatement à l'œuvre pour réaliser le mieux et le plus promptement possible le programme restreint du ministre.

Les expéditions du matériel et du personnel par avisos et chalands commencèrent le 17 octobre. La plaine de Kayes, sur laquelle on débarquait, n'était pas à cette époque ce qu'elle est aujourd'hui : elle offrait pour tout abri quatre petites maisonnettes en argile. Il fallait pourvoir immédiatement à l'installation du personnel avec les moyens restreints dont on disposait. Les quarantaines venaient encore compliquer singulièrement la situation. Le colonel Desbordes se débarrassa, dès son arrivée, de ces entraves et les supprima d'une façon complète et absolue. Cependant, il n'y eut, fort heureusement, pas un seul cas de fièvre jaune et l'état sanitaire fut satisfaisant pendant tout le séjour de la colonne à

Kayes, — où les travaux de construction étaient d'ailleurs poussés avec la plus grande activité.

Ce fut seulement, le 22 novembre, qu'un grand convoi put partir de ce poste pour Kita. Le commandant Lagarrigue, chef d'escadron d'artillerie, directeur des travaux, et son personnel, partirent pour Bafoulabé, le 12 décembre. Enfin, le 20 du même mois, la colonne expéditionnaire se mettait en route à son tour.

« Par suite des moyens insuffisants mis à votre dis-
» position — portaient les instructions du gouverneur
» au colonel Borgnis-Desbordes, — il me paraît plus que
» probable qu'il ne sera pas possible d'exécuter com-
» plètement le programme approuvé par le ministre;
» mais la partie du programme qui s'impose et qu'il faut
» exécuter quand même, c'est le ravitaillement des postes
» de Bafoulabé et de Kita; si, par suite d'éventualités
» que je ne puis prévoir, ce ravitaillement devenait
» absolument impossible (et pour vous, mon cher colonel,
» il y a peu d'impossibilités), il faudrait abandonner ces
» deux postes avant qu'ils ne soient complètement dé-
» pourvus de vivres. Mais ce recul serait un quasi-
» désastre, retarderait la question du Niger de bien des
» années et nous ferait perdre une notable partie du peu
» d'influence que nous avons dans le Haut-Fleuve. Aussi
» faut-il éviter cette retraite, coûte que coûte, et je compte
» pour cela sur votre énergie bien connue et à l'épreuve
» des circonstances les plus difficiles.

» Comme vous le dites fort bien dans votre lettre du
» 21 octobre, la situation politique dans le Haut-Fleuve
» est peu rassurante; il en est malheureusement de
» même dans le milieu et dans le bas du fleuve..... Vous

» devez donc être très circonspect dans vos relations » avec les chefs du Haut-Fleuve, et ne pas faire des » menaces que vous ne pourriez mettre à exécution : il » faut agir suivant vos moyens et ne pas les dépas- » ser..... »

Depuis Bakel jusqu'à Kita, c'est-à-dire sur un long territoire de plus de cinq cents kilomètres, le colonel, avec trois cent quarante-neuf combattants, avait la mission de dissiper les défiances de nos ennemis, de raffermir le courage de nos alliés, de ravitailler Kita, de continuer les constructions de ce fort et de ramener la colonne à Kayes, après avoir effectué le changement de la garnison de Kita.

La colonne, partie de Kayes le 20 décembre, arrivait à Bafoulabé le 26, après avoir parcouru cent cinquante et un kilomètres.

Le passage du Bafin eut lieu sur un bac qui avait été construit à la fin de la campagne précédente; et le 27 décembre, à cinq heures du soir, la colonne se remettait en route; elle arrivait à Badumbé, le 31 décembre, après avoir parcouru soixante-dix-neuf kilomètres.

Sur ce parcours, un épisode avait lieu à Kalé, à vingt-trois kilomètres de Bafoulabé. Le chef de ce pays, chef réel bien qu'il n'en ait pas le titre, Dioka Moussa, était un Malinké intelligent, intrigant, ambitieux, sans aucune moralité. Il avait mis à profit les nouvelles qui arrivaient de la terrible épidémie qui ravageait Saint-Louis. Il avait cru ou feint de croire que tous les blancs étaient morts et avait entraîné les habitants à divers actes de brigandage. Une grande caravane, entre autres, avait été pillée... Dioka Moussa était en outre le chef des mécontents de la vallée du Bakhoy... Le colonel le somma de restituer entièrement tous les objets volés par lui et les siens. Dioka Moussa ayant refusé, le village, dont les habitants s'étaient enfuis, fut incendié le 28 décembre.

Le 1er janvier 1882, le convoi d'ânes partait pour Kita, par la route habituelle, c'est-à-dire Fangalla, Toudora, Toukalo, Goniokory et Kita ; et alors que tout le monde croyait que la colonne allait suivre la même direction, le colonel changea brusquement son itinéraire. Il fit traverser le Gangaran par la colonne expéditionnaire.

« Vous savez, écrivait-il le 2 janvier au gouverneur, » que, l'année dernière, la mission topographique avait » parcouru le Gangaran. Deux de mes officiers avaient » été parfaitement reçus par les Bambaras réfugiés à » Fatafi, avec Mary Ciré... La mémoire des noirs est » courte généralement, et cette année, les Malinkés du » Gangaran, croyant aussi que nous étions tous morts, » ont maltraité les Bambaras qui nous avaient accueillis, » et, dans leur langage grossier, ont déclaré que tout » Français qui oserait passer chez eux, serait mutilé. » De plus, Mary Ciré et les Bambaras étaient, lui et les » siens, l'objet d'une hostilité qui pouvait d'un jour à » l'autre avoir des suites fort graves pour lui, et cette » hostilité avait pour motif le dévouement qu'il nous » avait montré.

» Le Gangaran est notre seule voie de communication » actuelle, pendant l'hivernage, entre Bafoulabé et Kita. » Il faut que nos courriers soient respectés... J'ai donc » jugé nécessaire de traverser ce pays avec la colonne

» pour lui montrer qu'il pourrait être fort dangereux de » maltraiter nos alliés; qu'il était ridicule de proférer » contre nous des menaces qui, si elles étaient mises à » exécution, amèneraient des représailles sévères. »

La colonne avait laissé ses malades à Badumbé : elle était réduite à trois cent quarante et un combattants. Elle passa successivement par Fatafi, Niatanso, Médina, Nahadji, Guignagné, Noya; traversa le Bakhoy au gué de Noya et arriva à Kita, le 9 janvier, à cinq heures du soir, ayant parcouru cent soixante kilomètres depuis Badumbé, trois cent quatre-vingt-dix depuis Kayes.

Le 10 janvier, le colonel passait la revue de la garnison laissée à Kita pendant l'hivernage et, dès le surlendemain, recommençaient les travaux de réparation et de construction du fort.

IV

La tâche militaire de la colonne semblait terminée pour cette campagne. Mais divers événements imprévus en décidèrent autrement. A la date du 18 décembre, le ministre de la marine avait écrit au gouverneur de laisser au commandant du corps expéditionnaire « une » grande liberté d'action sous sa responsabilité per- » sonnelle. »

Cette liberté, que lui laissait le ministre, le commandant supérieur jugea bon d'en profiter, non pour empêcher, ce que ses ressources ne lui permettaient pas de faire, mais pour retarder la marche d'un conquérant musulman, Samory, qui remplissait du bruit de ces exploits, de ses triomphes et de ses cruautés, la rive droite du Niger. Déjà la partie du Manding qui a pour capitale Kangaba avait reconnu son autorité; l'autre partie du Manding, dont la capitale est Niagassola, était restée fidèle à l'alliance française; mais les habitants, frappés de terreur par la seule annonce de la marche de Samory, avaient abandonné leurs villages et s'étaient réfugiés sur les montagnes. Or, Niagassola n'est qu'à cent vingt kilomètres de Kita, c'est-à-dire à trois jours de marche pour les noirs; si nous laissions tranquillement l'armée de Samory ravager cette contrée, c'en était fait de notre prestige dans le Soudan.

Ce n'était pas tout. Le commandant de Kita, dans une intention généreuse, pour sauver des horreurs de la famine la ville de Keniéra, assiégée par les troupes de Samory, avait dépassé les instructions du colonel, lui recommandant de se tenir soigneusement au courant de ce qui se passait sur le Niger, mais sans faire de démarche qui pût nous compromettre. Il avait envoyé un officier indigène, M. Alakamessa, pour négocier avec Samory. Celui-ci reçut fort mal M. Alakamessa, ne voulut rien entendre et le menaça de mort. Devant l'attitude énergique de cet officier, qui lui répondit que la loi de Mahomet défendait de tuer un homme qui était non seulement un parlementaire, mais encore un homme libre et un musulman, Samory se contenta de le retenir prisonnier et voulut bien limiter la durée de cette détention à dix années. M. Alakamessa jugea inutile de rester si longtemps chez ce chef inhospitalier, et, avec autant de présence d'esprit que d'audace, il réussit à s'échapper.

Or, en Afrique, plus peut-être que partout ailleurs, une offense ne doit jamais rester impunie; le pardon ou l'oubli y est considéré comme une faiblesse dont les indigènes prennent acte immédiatement, et qu'ils exploitent avec beaucoup d'habileté.

Indépendamment des motifs qui précèdent, le colonel était bien aise d'aller juger par lui-même ce qui se passait à Mourgoula. La grande citadelle toucouleure avait été, pendant l'hivernage et depuis le commencement de la campagne, un foyer d'intrigues contre nous ; les relations étaient devenues défiantes, difficiles, presque hostiles. Mais cette visite à Mourgoula avait un autre but, qui était d'obtenir de passer au-delà sans que l'Almamy considérât cette marche comme un *casus belli,* menace qu'il avait faite à diverses reprises en s'abritant derrière l'autorité du roi de Ségou.

Afin de ne point interrompre les travaux de Kita et d'y laisser les forces nécessaires pour parer aux éventualités, le colonel ne prit avec lui que deux cent vingt et un combattants.

Partie de Kita le 16 février, la petite colonne expéditionnaire passa successivement par Goubanko, Sitakoto, Mourgoula, Niagassola, Keniekrou, Nafadié et arriva au Niger, près de Falama, le 25 février, à sept heures du matin, après avoir parcouru deux cent vingt-quatre kilomètres en dix jours.

Dans son entrevue avec l'Almamy et Suleyman, le commandant supérieur s'assura que la route de Keniéra était libre. C'était là le point important dans le présent. Pour l'avenir, il se confirma dans l'opinion qu'il avait déjà de la possibilité de se débarrasser un jour de la citadelle de Mourgoula, dernier vestige, dans la vallée du Bakhoy, de la domination des Toucouleurs.

La plaine et le fort de Kita

Après avoir fait traverser le Niger par la colonne expéditionnaire, le colonel entra immédiatement en relation avec Bala, roi du Kourbaridougou, et décida quatre ou cinq cents guerriers de ce pays à l'accompagner.

Le 26, la colonne arrive, à huit heures du matin, au marigot de Kadiala et fait halte. « Notre approche n'est annoncée par aucun indice et c'est par hasard que des cavaliers de Samory, en poursuivant des captifs qui fuyaient, tombent sur les grand'gardes. Le colonel fait alors commencer l'attaque sans perdre un instant, car l'ennemi était trop nombreux pour qu'il fût prudent de lui donner le temps de se reconnaître. Les cavaliers se retirent devant des feux de salve et la colonne marche en avant. Elle aperçoit bientôt les camps retranchés de Samory.

« Ces camps retranchés, appelés « sagnés » dans le pays, sont formés par des palissades très bien faites. Dans l'intérieur se trouvent les cases des guerriers, les chevaux, les troupeaux, les provisions. Il y avait quatre camps retranchés semblables aux quatre sommets d'un vaste rectangle dont Keniéra occupait le centre. Des postes intermédiaires complétaient le blocus, et Samory avait attendu tranquillement que la famine lui eût livré la ville.

» Le sagné nord est incendié, et la colonne marche sur le sagné sud, occupé par Samory lui-même. Ce chef, qui a annoncé à grand fracas qu'il ne reculerait pas devant les Français, de la largeur de son pied, et qui avait promis à ses femmes des blancs pour les distraire, fuit honteusement, et on voit bientôt une véritable fourmilière d'hommes et de femmes, de fantassins et de cavaliers, qui gravissent une colline voisine pour s'enfoncer dans les terres. Quelques obus hâtent leur fuite. A midi, la colonne occupe le sagné de Samory, s'y retranche et y prend un peu de repos dont elle a bien besoin, car elle marche et se bat depuis quatre heures du matin, et il fait une chaleur accablante.

» En allant du sagné nord au sagné sud, on avait passé près de Keniéra. La ville était déserte; il y avait cinq jours qu'elle s'était rendue.

» A une heure, le sagné est bombardé et brûlé. A trois heures et demie, la ville de Keniéra est fouillée pour bien constater que les gens de Samory ne s'y sont pas cachés et le sagné ouest est occupé.

» Des cadavres enchaînés, au nombre de plus de deux cents, y sont trouvés; tous sont des hommes de Keniéra qui ont été brûlés par leurs vainqueurs. Ce sont ces exécutions barbares qui donnent à Samory cette puissance extraordinaire, résultant de la terre folle qu'il inspire.

» Le colonel avait pu constater qu'il se trouvait avec ses deux cents combattants en face de plus de quatre mille ennemis. Surpris, décontenancés par des feux à longue distance et quelques obus, ces derniers avaient fui, mais il ne fallait pas leur donner le temps de se reconnaître. Il fallait ou les poursuivre ou se retirer rapidement. Les poursuivre était impossible pour la petite troupe exténuée de fatigue, dont les approvisionnements en vivres et en munitions étaient bien minimes, et dont les chevaux, ayant les pieds usés par les terrains ferrugineux qu'on avait traversés, ne pouvaient plus marcher. Le colonel se décida alors à revenir sur le Niger.

» A quatre heures du soir, le même jour, la colonne se mettait en marche; elle arrive au marigot de Kaladia à six heures quarante minutes, à la nuit tombante, et là, est reçue par une vive fusillade. Au bout de quelques minutes, les gens de Samory sont en fuite, le marigot est passé, et la colonne campe. Nos auxiliaires, les Malinkés de Faraba et de Falama, qui ont fui au premier coup de feu tiré à l'attaque des sagnés, reparaissent pour se mettre à l'abri de la colonne.

» Le 27, à onze heures du soir, la colonne arrive au Niger et commence immédiatement à passer sur la rive gauche, sans autre incident que quelques coups de fusil tirés par des cavaliers de Samory, qui, conduits par son frère Fabou, voltigent aux alentours.

» Du 25 février à quatre heures et demie du soir, au 27 février à onze heures du soir, la colonne avait parcouru quatre-vingt-dix-sept kilomètres et combattu une partie de la journée du 26. Un vent d'est brûlant soufflait depuis quelques jours et la chaleur était très pénible.

» Personne, cependant, ne resta en arrière. L'état sanitaire était très satisfaisant. Il n'y avait que les chevaux qui ne pouvaient plus marcher : ils étaient tous fourbus. »

Le 1er mars, la colonne abandonna les bords du Niger pour retourner à Kita par le chemin qu'elle avait déjà suivi en venant. Elle y rentrait le 11, après avoir parcouru cinq cent quarante-cinq kilomètres, depuis le 16 février.

Dès le milieu d'avril, on se prépara à revenir à Saint-Louis. La colonne expéditionnaire ne partit cependant du fort de Kita que le 1er mai. Elle était le 7 à Bafoulabé, y séjournait pour aider aux travaux du fort, et arrivait à Kayes, par détachements successifs, du 14 mai au 14 juin 1882. Des avisos et des remorqueurs la ramenèrent de là à Saint-Louis.

Le capitaine Pietri, avec cent quarante hommes de garnison, était resté au fort de Kita, du commandement duquel il avait été investi ; celui du fort de Badumbé, créé pendant la campagne, avait été confié à un sous-officier qui gardait quinze hommes sous ses ordres.

Cette deuxième campagne, effectuée dans le Soudan, eut pour résultats militaires d'affermir notre protectorat de Bafoulabé à Kita, de nous assurer l'amitié du Gangaran, de faire subir un temps d'arrêt à la marche triomphante de Samory, de rassurer les populations du Manding de Niagassola, et de montrer, à la stupéfaction des Africains, que les blancs étaient capables d'aller usqu'au fleuve sacré du Soudan, le Niger.

V

Appelé à formuler devant le ministre son opinion sur la campagne qui devait être faite en 1882-83, le colonel Desbordes exposa qu'il y avait deux plans à suivre : le premier consistait à ne pas dépasser Kita, à faire exclusivement une campagne de ravitaillement et de travaux; le second consistait à poursuivre la marche en avant, à atteindre les bords du Niger et à s'y installer.

L'exécution du premier plan était beaucoup plus facile; il avait l'avantage de permettre de pousser les travaux avec une très grande activité en y accumulant toutes les ressources dont on disposait, et calmait, par suite les impatiences de ceux qui ne constataient d'autres résultats acquis que le nombre de kilomètres de voie effectués. Mais il y avait à craindre que des difficultés graves ne fussent la conséquence de notre immobilité. Les indigènes, en nous voyant une année encore ne pas nous établir au-delà de Kita, auraient soupçonné des hésitations de notre part, et alors se seraient produites des résistances d'autant plus vives qu'on nous aurait cru plus faibles. Enfin, Samory annonçait hautement sa marche sur Bammako; c'eût été commettre une faute grave, et dont les conséquences nous auraient coûté de grands sacrifices, que de ne pas devancer le conquérant musulman, en admettant qu'il fût encore possible de le faire.

Le ministre de la marine partagea la manière de voir du colonel Desbordes et ses instructions portèrent que « la campagne 1882-83, dans le Soudan, aurait pour » objectif l'occupation du pays, de Kita au Niger. »

Le gouverneur du Sénégal était encore changé : le capitaine de vaisseau Vallon avait remplacé le colonel Canard.

On employa deux mois, du 20 septembre au 14 novembre, au transport des troupes et du matériel à Kayes. Le matériel avait été augmenté d'un petit remorqueur, calant cinquante centimètres seulement, le ***Podor***, lequel rendit beaucoup de services. Il devait être suivi quelque temps après du ***Dagana*** et du ***Richard-Toll***; du même type.

En présence d'une épidémie de fièvre paludéenne, qui venait de se déclarer à Kayes et menaçait de décimer sa colonne expéditionnaire, le colonel Desbordes, du 12 au

19 novembre, dissémina les troupes de Longtou à Sabouciré sans attendre qu'elles eussent terminé leurs préparatifs de départ. — Le 21, la concentration avait lieu sur le plateau de Sabouciré, et le 22, à cinq heures du soir, la colonne se mettait en marche. Elle ne comprenait que cinq cent quarante-deux combattants, dont trois cent deux Européens.

Elle était le 29 à Bafoulabé, et immédiatement commença le passage du Bafing; il dura deux jours. Le 16 décembre, dans la matinée, elle arrivait à Kita, ayant parcouru deux cent quatre kilomètres.

Dès son arrivée à Kita, le colonel passait l'inspection du fort, du *Sanitorium* créé sur la montagne, et recevait tous les chefs du pays; puis les travaux du fort étaient immédiatement mis en train sous l'habile direction du capitaine Archinard. Mais le ravitaillement, faute d'un nombre suffisant d'ânes, n'était pas encore assuré, et la colonne était, par ce fait, immobilisée à Kita.

Le colonel résolut alors de mettre à profit ce temps d'inaction forcée pour entreprendre l'expédition de Mourgoula, un des faits les plus extraordinaires de cette campagne, et qui montre le mieux l'influence qu'en si peu de temps nous avons su conquérir dans le Soudan avec les moyens, cependant si restreints, que nous avions mis en œuvre.

« Mourgoula, dit le colonel Desbordes dans son rapport au sujet de cette affaire, était une grande citadelle avec un tata entourant toute la ville et un tata intérieur très fort dans lequel se trouvaient les diverses habitations de l'Almamy, de sa famille, de sa suite. Il est difficile d'estimer la population de cette ville, mais on peut, du moins d'après les observations faites ultérieurement, porter à cinq cents hommes le nombre des défenseurs. Le tata était bien entretenu; les portes bien comprises au point de vue défensif; les armes étaient en bon état; les approvisionnements de poudre, de balles et de vivres considérables. — Mourgoula se trouvait située au centre du Birgo, pays peuplé de Peuls venus sans doute du Fouta-Djalon et restés comme une épave isolée au milieu de la vallée du Bakhoy. Bien que supérieurs aux Malinkés par le courage et par l'intelligence, ces Peuls du Birgo étaient tellement déprimés par la longue servitude qui avait pesé sur eux qu'ils ne songeaient pas même à secouer le joug détesté qu'ils subissaient.....

» Cette citadelle toucouleure était pour nos alliés le signe évident de notre faiblesse; elle empêchait de venir à nous ceux qu'effrayait encore la puissance d'Ahmadou. Je me décidai alors à la faire tomber. Je pensais que le cheik Ahmadou s'inclinerait sans mot dire devant le fait accompli, parce que les embarras intérieurs au milieu desquels il se débattait ne lui permettraient pas de faire autrement.....

» Le 19 décembre, la colonne partait pour Mourgoula. Elle comprenait trois cent soixante-seize combattants, dont cent quatre-vingt-douze Européens, y compris les officiers. Elle emportait quatre canons de quatre rayés, de montagne. Tous les hommes trop fatigués étaient laissés à Kita. — Le 22 décembre, la colonne quittait la mare de Dalaba et arrivait à Sitakoto, village situé à six kilomètres avant Mourgoula. Je fis faire halte et mandai le chef du village que j'emmenai avec moi ainsi qu'une douzaine de notables. Je les prévins que je les ferais fusiller si le village commettait un acte d'hostilité envers moi sur mes derrières; que, dans le cas contraire, ils n'auraient rien à craindre et en seraient quitte pour une promenade dont je les indemniserais.

» Arrivé à Mourgoula à dix heures du matin, je disposai mes troupes en ligne à quatre cents mètres du village, les pièces en batterie, les Européens sur une ligne et bien en vue. J'envoyai un de mes interprètes donner l'ordre aux notables du village de venir me parler. Ils arrivèrent immédiatement, ayant à leur tête Suleyman et le fils de l'Almamy. »

Descendu de cheval et entouré de quelques officiers de son état-major, le colonel leur reprocha vivement leur mauvaise foi à l'égard de la France; énuméra longuement les griefs que nous avions contre eux; donna à l'Almamy et à Suleyman l'alternative, ou de rentrer à Mourgoula pour résister par la force à nos troupes, ou bien d'abandonner définitivement la citadelle et de le suivre à Kita en emportant leurs biens et leurs richesses; — enfin termina par ces paroles adressées aux notables habitants :

« A vous, notables de Mourgoula, je vous dis : Abandonnez l'Almamy et Suleyman; allez à Nioro, si vous le voulez; vous partirez sous ma protection. Que ceux d'entre vous qui ne veulent pas quitter Mourgoula y restent et choisissent un chef parmi eux. Vous reconnaîtrez l'autorité du commandant de Kita; vous ne percevrez plus d'impôts sur les caravanes; vous n'aurez plus d'autorité sur les divers villages du Birgo qui sont tous indépendants et sous ma protection. »

L'Almamy et Suleyman, ayant accepté sans résis-

Indigènes avec leurs troupeaux se désaltérant à une source

tance l'évacuation de Mourgoula, ils se rendirent d'abord à Kita, puis, le 28 décembre, ils prirent la route de Nioro, où les rejoignit une grande partie de la population toucouleure de Mourgoula; le reste se dissémina dans le Diombokho, le Dialafara et le Kaarta-Kingui. Il ne pouvait déplaire au colonel de les voir se fractionner ainsi : c'était pour eux un élément de faiblesse de plus.

Mourgoula fut rasée et la ville détruite par ordre du colonel. Toute la population du Birgo prit part pendant deux jours à la destruction de la grande citadelle toucouleure. Pas un mètre courant ne restait debout à la date du 28 janvier 1883. Mourgoula avait cessé d'exister; ce n'était plus qu'une ruine. Le Birgo passait sous le protectorat de la France.

« Sans avoir tiré une cartouche, disait le colonel en » terminant son rapport, sans avoir perdu un homme, » nous avions fait la campagne la plus utile, et incon» testablement la plus féconde pour le développement de » notre influence dans le Soudan. »

VI

« Pendant le peu de temps passé à Kita, du 16 au 19 novembre, le colonel avait non seulement préparé l'expédition de Mourgoula, mais il avait encore arrêté le plan de campagne pour marcher sur Bammako, et en avait fait commencer l'exécution pendant qu'il était à Mourgoula.

» Un sous-lieutenant d'artillerie, un sous-lieutenant d'infanterie, cinquante-huit tirailleurs indigènes, trente hommes de Goubanko comme travailleurs, et une petite troupe de partisans (quarante Bambaras), étaient partis pour Koundou sous la direction du capitaine Pietri, avec mission d'assurer les vivres de la colonne, de transformer la route qui était impraticable de Guenikoro à Koundou, de faire un pont provisoire sur le Badingho; de rendre les passages des marigots possibles pour l'artillerie, et enfin de tâcher d'attirer à nous les chefs du Bélédougou. — Les partisans Bambaras étaient sous les ordres de Garan-Mary-Ciré, un Massassi du Kaarta, dévoué à la France, et dont l'influence personnelle pouvait nous être très utile.

» Ce n'était pas sans des motifs très sérieux que la route passant par Koundou pour aller à Bammako avait été choisie de préférence à celle passant par Mourgoula, Niagassola, Koumakhana, Sibi, Nafadié. Cette dernière route, qui aurait présenté des avantages considérables, aurait été suivie sans aucune difficulté en 1882. En 1883, il était trop tard. Une armée toucouleure était à Tadiana; Fabou, frère de Samory, était à Bankoumana se préparant à marcher sur Bammako, et, dans ces conditions, il aurait fallu des forces militaires, dont on ne disposait pas, pour passer par la vallée du Bakhoy. Au contraire, en traversant le Bélédougou, on pouvait espérer devancer Fabou à Bammako; et, si on réussissait à devenir l'allié du Bélédougou, on opposait par cela même à la marche de Samory vers Ségou des difficultés très grandes, et de plus les Béleris ou Bambaras du Bélédougou, placés sous notre protectorat, coupaient les communications entre les deux grandes parties de l'empire de Ségou : le Diombokho, le Kaarta et le Dialafara d'une part, le Ségou de l'autre. »

Le 7 janvier la colonne partait de Kita. Elle comprenait vingt-sept officiers, deux cent dix-sept Européens et deux cent soixante-dix-sept indigènes ; en tout cinq cent vingt et un combattants.

La réception, dans les divers villages du Fouladougou, fut plus craintive que cordiale. Le 12 janvier, à dix-neuf kilomètres avant d'arriver à Koundou, au marigot de Boconi, le colonel recevait avis du capitaine Pietri que Daba et tous les autres villages entre le Baoulé et Dio se préparaient à nous recevoir en ennemis. Naba, le vieux chef de Daba, avait d'ailleurs déjà été l'instigateur et l'acteur principal de l'attaque et du pillage de la mission Gallieni.

A cette nouvelle, le colonel hâta la marche des troupes, traversa le Baoulé le 13 janvier, et arriva le 16 devant Daba, village situé en plaine. A dix heures et quart, après qu'une brèche eût été ouverte par l'artillerie, l'assaut fut donné et nous nous emparâmes de Daba, après une heure et demie d'un combat fort vif.

L'attaque du village avait été dirigée avec une intrépidité et un sang-froid remarquables par le capitaine Combes. Le vieux chef, Naba, avait été tué ainsi que vingt-trois membres de sa famille. Mais le succès nous coûtait cher : nous avions quatre officiers blessés, quatre hommes tués, et trente-sept autres blessés.

Deux jours après l'assaut, la colonne dut revenir à Dibouroula, afin de diriger ses blessés sur Koundou. Le 20 janvier, elle rentrait à Seguerabougou, et le colonel prenait ses dispositions pour pacifier le pays, en ménageant le plus possible ses troupes déjà bien fatiguées.

Dès que la pacification du pays de Daba et du Petit-

Bélédougou pût être considérée comme terminée, le colonel reprit sa marche en avant et arriva à Bammako, le 1er février, à dix heures du matin. Le frère du chef du village, qui était en réalité le chef véritable, Titi, venait au-devant des Français et les assurait de son amitié.

La colonne campait près de Bammako, et le 7 février, la pose de la première pierre du fort avait lieu devant la colonne sous les armes. Le drapeau français, salué par onze coups de canon, était enfin hissé sur les bords du Niger.

La colonne, de Kita à Bammako, avait parcouru, en moyenne, en y comprenant la marche de Daba, trois cent vingt-cinq kilomètres; depuis son départ de Kayes, elle avait parcouru huit cent huit kilomètres.

La lassitude de tous était grande, et les travaux du fort allaient nécessairement beaucoup aggraver l'état sanitaire par suite des mouvements de terre qu'il était impossible d'éviter. Et ce n'était là encore que la moindre des épreuves qui attendaient cette poignée d'hommes serrés autour du drapeau français, si loin de leur base d'opérations.

En effet, on apprit bientôt par des espions arrivés de divers points que Fabou, le frère de Samory, marchait sur Bammako dans l'intention de nous reprendre cette position. Ses troupes étaient conduites par le fils d'un Maure de Bammako, appelé Tiécoro : celui-ci fut immédiatement arrêté et emprisonné, le 29 mars, ainsi que quelques autres chefs Maures.

Au moment même où ces arrestations avaient lieu, une colonne des troupes de Samory passait dans le Petit-Bélédougou par la route de Sibi à Domila. La ligne de ravitaillement était coupée, la ligne télégraphique détruite, la brigade de construction était attaquée le 3 avril, et l'ennemi nous enlevait un troupeau de bœufs. Tout le ravitaillement était arrêté.

En même temps l'armée principale, guidée par le fils de Tiécoro, continuait sa marche le long du Niger, et des cavaliers débouchaient dans la plaine de Bammako le 1er avril.

La colonne était dans une situation des plus critiques. La maladie et la mort avaient singulièrement réduit son effectif déjà si faible ; la chaleur était devenue accablante ; les travaux du fort étaient loin d'être achevés et demandaient, pour l'être en temps utile, un travail sans relâche. Et à ce moment même, au sud-ouest, une armée nombreuse sous les ordres de Fabou, marchait contre le fort ; au nord, une troupe, dont la force était inconnue, attaquait la ligne de ravitaillement, et coupait toutes les communications ; dans le Bélédougou, affolé par la peur qu'inspire Samory à tous les indigènes, des défections avaient lieu, et des villages appelaient le conquérant musulman ; au nord-ouest et à l'est, c'est-à-dire dans le Kaarta et dans le Ségou, les nouvelles étaient inquiétantes, car quelques jours avant le colonel recevait du commandant Boilève cette dépêche : « D'après les nou-
» velles reçues hier de Badumbé, les cavaliers de Nioro
» sont en route pour nous attaquer. » — Enfin, les habitants de Bammako étaient divisés en deux partis dont le plus puissant, dévoué à Samory, n'attendait que l'occasion de lui ouvrir les portes de la ville. Et c'était avec trois cent cinquante hommes valides, dont plus de la moitié était indigène, qu'il fallait faire face victorieuse-

ment à de pareilles difficultés, pour ne pas être enfermés à Bammako, dans un fort inachevé, sans vivres, sans argent, sans munitions suffisantes.

Grâce aux mesures énergiques prises par le colonel, Titi était devenu le chef incontesté du village et notre ami d'autant plus dévoué qu'il sentait très bien que si Fabou entrait à Bammako, sa tête, comme il le disait lui-même, ne resterait pas sur ses épaules.

Le 31 mars, le capitaine Pietri sortit de Bammako à la tête d'une petite colonne destinée à opérer une diversion et à inquiéter une partie de l'armée assaillante. Celle-ci ne tarda point d'ailleurs à paraître. Dès le 2 avril, le colonel lui livra un premier combat avec les troupes restées à Bammako. Le 5, le capitaine Pietri en livrait un autre, mettait l'ennemi en déroute, reprenait un troupeau de bœufs qui nous avait été précédemment enlevé, et rentrait le 9 à Bammako, ayant conduit avec beaucoup d'intelligence, d'entrain et de vigueur, cette campagne de dix jours.

Pendant que ces événements se passaient sur notre ligne de ravitaillement, Fabou envoyait au colonel l'ordre de quitter immédiatement l'Afrique, et il mutilait et tuait devant nos grand'gardes quelques indigènes de nos partisans, qui étaient tombés entre ses mains au combat de Boudanko.

Dès que le capitaine Pietri fut rentré, le colonel prit avec lui tous les hommes capables de marcher, y compris ceux légèrement blessés, forma une colonne composée de trois cent soixante et onze combattants et d'une section d'artillerie, auxquels il adjoignit deux cents fatassins bambaras et vingt cavaliers indigènes ayant Mary Ciré à leur tête. Le 12 avril cette colonne se mit en marche contre l'armée de Fabou, et se dirigea sur le marigot de Oueyako en tournant l'ennemi par sa gauche.

Fabou ne réussit pas à mettre ses troupes en ligne contre nous : le combat du 2 avril les avait démoralisées; et l'ennemi, après une résistance très molle pendant laquelle nous tirons 3,273 cartouches, s'enfuit avec précipitation. Les prisonniers s'accordaient tous à dire que l'armée de Fabou ne voulait plus se battre contre les Français, et, sans reprendre haleine, elle se retira jusqu'à Bankoumana. — Malheureusement, l'état sanitaire de la colonne ne permit pas de poursuivre l'ennemi.

Le camp de Fabou fut incendié. La colonne revint à Bammako, et les travaux, qui d'ailleurs n'avaient jamais été interrompus, reprirent avec une nouvelle activité. Le ravitaillement, qui avait cessé depuis le 30 mars, recommença avec toutes les ressources dont on disposait.

Tandis que ces faits se passaient sur les bords du Niger, le commandant de Kita, le capitaine Monségur, jugeait utile d'en profiter pour affirmer notre puissance dans le Manding de Kankaba, notre allié en 1881, mais qui avait été gagné à la cause de Samory. Malheureusement, la garnison de Kita était formée presque exclusivement de malades, et on ne put mettre sur pied que neuf tirailleurs, un clairon et un officier. Ce dernier reçut l'ordre de châtier le village de Koumakhana et de punir Narena qui avait reconnu l'autorité de Samory.

Parti de Kita, le 3 mai, cet officier arrivait le 16 devant Koumakhana, ayant grossi sa petite troupe de trois cent cinquante auxiliaires indigènes de Kita, qui s'accrurent en route des contingents de Baladougou, de Koumakhana-

Koura, de Komalé et de Mamaïa. La sonnerie du clairon des tirailleurs produisit un effet magique sur les défenseurs du Koumakhana, qui s'enfuirent abandonnant le village.

Narena fit sa soumission bientôt après; et le 20 mai, le petit détachement rentrait à Kita, après avoir parcouru trois cent cinquante kilomètres.

Cette pointe très audacieuse, que les succès obtenus sur le Niger pouvaient seuls autoriser, affirma une fois de plus aux yeux des indigènes notre puissance et l'inanité des efforts de Samory pour les protéger contre nous. — Tel est le résumé très succinct des luttes contre l'armée de Fabou et ses partisans.

Le 27 avril au soir, la colonne quittait Bammako, où était laissée une garnison de cent cinquante-cinq combattants, dont six officiers.

Le but de la campagne était atteint. L'armement du fort de Bammako fut constitué par quatre canons de quatre rayés de montagne avec tous les accessoires, les fusils de la compagnie de tirailleurs, les mousquetons et les carabines des canonniers et des spahis.

Le retour de la colonne expéditionnaire fut encore fatigant et pénible. Arrivée le 10 mai à Kita, elle n'atteignit que le 6 juin Tambo N'Kané, où les troupes furent embarquées sur les chalands et débarquées quelques jours plus tard sur une plage nue, ensoleillée et malsaine de l'île Tood, où elles durent subir une quarantaine que nécessitait leur état sanitaire. Enfin, le 19, on s'embarquait sur le *Richelieu*, et le 3 juillet ce navire partait pour la France.

———

Le colonel Gallieni

IX

LE COLONEL GALLIENI ET LE LIEUTENANT CARON

DE SAINT-LOUIS A TOMBOUCTOU. — LE CHEMIN DE FER DU SOUDAN

I

« L'expédition embarquée sur la canonnière le *Niger* » et commandée par M. Caron, lieutenant de vaisseau,

» est revenue à Bammako après être parvenue heureu-
» sement à Tombouctou. »

Ce fut par ce laconique télégramme, adressé au ministère de la marine au commencement d'octobre 1887, que parvint en France la nouvelle de l'entrée du lieutenant Caron à Tombouctou, — grande victoire pacifique, dont les profits seront incalculables.

Grâce au colonel Gallieni qui, comme nous l'allons voir, avait organisé cette expédition, grâce aussi à l'énergie du lieutenant de vaisseau Caron, qui fut chargé de la diriger, Tombouctou, que tant de hardis explorateurs avaient jusqu'ici vainement essayé d'atteindre, nous a enfin ouvert ses portes. Les Français sont parvenus les premiers à ce résultat en suivant une voie navigable, le Niger, pendant que les Anglais s'efforcent encore de pénétrer, à travers les terres, jusqu'à cette ville, dont la position commerciale est incomparable.

Le colonel Gallieni, commandant supérieur du Soudan français, était à Paris lorsqu'y parvint le télégramme annonçant le succès du lieutenant Caron. Voici des détails circonstanciés qu'il a donnés, à cette époque, sur cette expédition, de longue main préparée par lui, et à laquelle son nom restera attaché.

L'idée première en remonte déjà loin. En 1884, on annonça que le colonel Gallieni quittait la France emmenant une canonnière démontée en sept cents fragments, formant chacun un colis de trente à quarante kilogrammes. Son but était, après avoir conduit ces colis par bateau, en remontant le fleuve sénégal jusqu'au point où il cesse d'être navigable — (c'est-à-dire jusqu'à Kail), — de les transporter à dos d'hommes ou de mulet jusqu'à Bammako, en parcourant ainsi par terre une distance de sept à huit cents kilomètres.

A Bammako, on trouve le Niger, fleuve navigable pendant six mois de l'année. Là, le colonel se proposait de remonter la canonnière et de la mettre à l'eau, ce qu'il fit.

Mais cette première partie de la tâche, la moins difficile, accomplie, il fallait encore conduire l'embarcation à Tombouctou, à *deux mille kilomètres* de là.

Les difficultés que comportait ce projet ne nécessitèrent pas moins de trois années de négociations avec les peuplades riveraines du fleuve. Le colonel Gallieni, qui possède l'arabe comme sa langue maternelle, écrivit d'abord à Tidjani, le cheick de Macina, lequel consentit à nous laisser libre passage.

Le cheick de Tombouctou promit, lui aussi, de nous accueillir favorablement. Mais, entre le territoire de Macina et Tombouclon, il reste un parcours considérable le long de rives soumises aux incessantes incursions des Touaregs, vrais pirates du désert, aussi féroces qu'infatigables. Le massacre de la mission Flatters, une de leurs plus terrifiantes prouesses, n'est pas assez loin de nous pour avoir été oublié.

L'expédition fut néanmoins résolue; et, le 1er juillet 1887, la canonnière le *Niger* quittait Bammako. Outre le lieutenant de vaisseau Caron, commandant, et quatoze hommes d'équipage, blancs ou nègres (laptots), elle portait M. Lefort, officier d'infanterie de marine, et le docteur Joanne. Le bateau était armé d'un canon-revolver Hotchkiss. Chaque homme était muni d'un fusil à répétition Kropatscheck. Elle remorquait un chaland couvert d'un toit en paille, pour recevoir les malades au besoin. La machine à vapeur était chauffée au bois; néanmoins, prévoyant le cas où le bateau ne pourrait atterrir, pour renouveler sa provision de combustible, le colonel Gallieni fit embarquer huit tonnes de charbon. On emportait pour trois mois de vivres.

Le départ s'effectua dans les meilleures conditions. Le fleuve du Niger qui, dans la saison des basses eaux, laisserait à peine flotter une périssoire, donnait un fond à peu près constant de cinq à six mètres.

Sur ces entrefaites, le colonel Gallieni fut rappelé en France. Depuis le 11 juillet, il n'avait reçu, à Paris, aucune nouvelle de ses compagnons. En proie à une inquiétude mortelle, il commençait très sérieusement les préparatifs d'une expédition nouvelle, pour aller à leur recherche, lorsqu'arriva la dépêche mentionnée en tête du présent chapitre, qui annonçait l'heureux retour des explorateurs à Bammako.

II

Lors de son départ de Paris pour retourner au Sénégal, le colonel a emporté une seconde canonnière, baptisée le *Mage,* avec laquelle il se propose d'entreprendre une autre expédition du même genre, mais en sens contraire, c'est-à-dire en remontant le fleuve Niger.

Le colonel Gallieni, dont le nom s'impose aujourd'hui à l'attention de tous, était déjà connu par ses entreprises périlleuses. (Nous avons eu l'occasion de citer quelquefois son nom dans d'autres chapitres du présent volume, notamment dans celui que nous avons consacré à Soleillet : M. Gallieni n'était alors — en 1879 — que capitaine). En 1880, par exemple, année où il avait été envoyé en mission à l'intérieur des terres africaines par

Un chef des Touaregs

le gouvernement français : à la suite d'une rencontre dans laquelle il perdit presque tous ses hommes, il fut fait prisonnier par le sultan Ahmadou, qui le garda pendant plus de dix mois. Le commandant Vallière, le docteur Toutain et M. Pietri, capitaine d'artillerie de marine, tué depuis au Tonkin, partagèrent sa douloureuse captivité.

Le colonel Gallieni est originaire de la Haute-Garonne. Lorsqu'éclata la guerre de 1870, il sortait à peine de Saint-Cyr. Après la campagne, il fut incorporé dans l'infanterie de marine, et conquit tous ses grades aux colonies.

Avec son auxiliaire dévoué, M. Caron, le colonel vient de faire grand honneur à son pays. Grâce à lui, le problème du Soudan français est à présent résolu; grâce à son initiative intelligente et énergique, nous possédons enfin, dans cet immense triangle, deux points de contact importants, Bammako et Tombouctou, qui, en nous assurant la libre navigation du Niger, affermissent notre influence et consacrent nos droits sur cette région de l'Afrique occidentale.

III

Grâce également au colonel Gallieni, commandant supérieur du Soudan français, notre colonie, de Kayes à Bafoulabé et à Médine, va bientôt être entièrement traversée par une ligne de chemin de fer. En effet, dès 1881, ont été commencés les travaux de cette importante voie de communication, qui deviendra peut-être un jour la tête de ligne du grand chemin de fer transsaharien que rêvait Paul Soleillet. Voici d'ailleurs quelques détails intéressants publiés, en février 1889, sur l'importance future et sur le degré d'avancement, à cette époque, des travaux de cette ligne ferrée peu facile à établir, comme on va le voir :

La construction du chemin de fer du Soudan français, entreprise dès 1881 et presque abandonnée pendant la campagne 1885-1886 du colonel Frey, au soixante-deuxième kilomètre, village de Bouroukou, a été reprise en janvier 1887 et poussée jusqu'au fort de Bafoulabé (cent vingt-huitième kilomètre), sous les auspices du lieutenant-colonel Gallieni.

Si l'on envisage le peu de ressources mises à la disposition de M. Portier, directeur des travaux, l'insuffisance du matériel et des matériaux, l'emploi de locomotives usées par plusieurs campagnes, l'utilisation d'un matériel de voie détérioré et abandonné ; si, surtout, l'on tient compte du concours douteux d'un personnel composé, à part douze Européens, de nègres mal dressés, parlant des langues différentes, et des moyens d'action subordonnés aux transports militaires, constituant le service d'exploitation, on est étonné qu'en douze mois de travail effectif, la construction de soixante-huit kilomètres de voie, comprenant des ouvrages d'art importants, ait été effectuée.

Les viaducs de Bagouko et du Galougo, bien que construits avec des ressources absolument insuffisantes et dans des conditions climatériques qui rendaient le travail des plus difficiles, n'en sont pas moins dignes de soutenir la comparaison avec les plus beaux viaducs de France.

La situation d'avancement des travaux de la ligne *Kayes–Bafoulabé* et de l'embranchement de Médine était, en juillet 1888, la suivante :

Voie exploitable, de Kayes au Galougo, quatre-vingt-quinze kilomètres.

Voie posée, de Kayes à Médine, à Bafoulabé, cent trente kilomètres.

Voie à parachever, de Galougo à Bafoulabé, trente-trois kilomètres.

Voie à parachever, embranchement de Médine, deux kilomètres.

L'ingénieur a évalué à huit mois le temps qui lui eût été nécessaire pour terminer complètement les travaux avec les ressources ordinaires des campagnes précédentes.

Les parachèvements de la ligne comportent : la construction de trente petits ouvrages d'art, la rectification de quelques points du tracé entre Talari et Bafoulabé, et le ballastage complet. Grâce aux ressources en gravier et en gros sable que l'on rencontre presque sur place, la difficulté d'exécution des travaux est bien amoindrie.

La ligne Kayes-Bafoulabé est-elle appelée à un grand avenir? Telle est bien la question posée par ceux qui s'intéressent au commerce africain.

Des personnes compétentes, civiles et militaires, connaissant le pays jusqu'au Niger, l'ayant habité pendant plusieurs années, affirment que le trafic fourni par les courants commerciaux suffira largement à l'alimentation et aux frais d'un service d'exploitation organisé sur des bases sages et pratiques.

Il est donc extrêmement urgent — ajoutait le publiciste à qui nous avons emprunté tous ces détails, — de frapper enfin un dernier coup pour l'achèvement de ce chemin de fer, destiné à attirer vers la France, par la facilité qu'il offrira au commerce, les produits précieux des provinces les plus riches et les plus fertiles du Soudan, le Bélédougou, le Gangaran, le Bambouk, qui jusqu'à présent s'écoulent par la Gambie et la Haute-Falémé, chez nos voisins les Anglais.

Tel est le vœu de la chambre de commerce de Bordeaux, des négociants de Saint-Louis, du Haut-Sénégal et des indigènes eux-mêmes. Ceux-ci, du reste, on manifesté hautement leur sympathie pour la France, surtout pendant ces deux dernières années, en prêtant tous à notre œuvre de pénétration au centre de l'Afrique, leur concours gratuit.

Grâce à la sage et énergique politique du lieutenant-colonel Gallieni, les principaux centres, Kayes, Médine, Bafoulabé, se sont développés dans de notables proportions. Kayes, qui en 1886 ne comptait que deux cents habitants, a aujourd'hui une population de sept mille âmes.

Les provinces soumises à notre protectorat qui s'étend jusque dans le Fouta-Djallon, les Etats de Samory et le Bélédougou, comptent quatre millions d'habitants.

Le colonel Flatters.

X

LE COLONEL FLATTERS

(1880 et 1881)

I

Le nord-ouest africain, peuplé de Musulmans — — lisons-nous dans *les deux missions du colonel Flatters*, explorations dont un membre de la première mission s'est fait le très intéressant historiographe (1), — habité, en dehors de la partie septentrionale, par des populations sauvages, haïssant la civilisation, a été longtemps et est encore une région presque fermée aux Européens. Parmi les voyageurs qui ont osé y pénétrer, beaucoup ne sont pas revenus, depuis le major Laing (1827) jusqu'au Père Richard (1882).

Le major Laing, officier anglais, qui avait réussi à aller jusqu'à Tombouctou, fut assassiné au retour, à peu de distance de cette ville. — Nos lecteurs connaissent déjà le merveilleux voyage de René Caillié, à peu près à la même époque. — Le docteur Richardson, en 1847, le capitaine de Colomb en 1854, le capitaine de Bonnemain en 1856, visitèrent successivement diverses régions du nord-ouest africain.

(1) Nous devons ajouter que nous nous sommes largement servi de ce fort intéressant volume, pour écrire le présent chapitre.

« En 1859, M. H. Duveyrier fit un magnifique voyage de trois années dans le grand Sahara, chez les Azgar et au Fezzan; il visita, lui premier, El-Goléat, passa à Ghat, à Mourzouk et rentra en Europe par Tripoli.

» En 1863, le voyageur allemand Gérard Rholfs, se faisant passer pour musulman, fit un très remarquable voyage de Tripoli à In–Salah et revint par le Touat et le Maroc. Onze années après, M. Soleillet reconnut rapidement la route d'Ouargla à In-Salah où il ne put entrer. Vers la même époque, Dournaux–Duperré et Joubert tentèrent vainement de pénétrer chez les Azgar et furent massacrés par les Touaregs à peu de distance au sud de Ghadamès.

» M. Largeau, après avoir été deux fois sur Ghadamès, voulut, en 1876, marcher d'Ouargla sur In-Salah, mais ne put dépasser Hassi-Djemel.

» L'enseigne Louis Say alla, en 1878, à Timassinin. Le docteur Von Barry se rendit, en 1876, à Ghat et voulut pénétrer chez les Azgar, par l'est; il dut revenir sur ses pas et périt à Ghat d'une façon si subite, que l'on attribue généralement sa mort à un empoisonnement.

» En 1880, a lieu la première mission Flatters et le voyage du Père Richard des Missions africaines de Ghadamès au lac Menghough chez les Azgar.

» En 1881, le colonel Flatters pénètre chez les Hoggar, où sa mission est impitoyablement massacrée.

» Enfin, en 1882, le Père Richard, établi à Ghadamès, croyant le pays calmé, crut pouvoir se mettre en route vers le sud et fut assassiné par les Touaregs à peu de distance....

» Comme aspect général, le Tell (1) mis à part, l'immense étendue de pays, dont nous nous occupons, composé de plaines basses, souvent couvertes de sable, parfois coupées de bancs rocheux, déchiquetés, ressemble à un fond de mer inégalement érodé par des courants sous-marins. Il ne présente de montagnes qu'au centre, où le massif des Touaregs élève son point culminant, sommet du Djebel-Hoggar, à une altitude de deux mille cinq cents mètres au moins. Ce massif projette autour de lui une série de croupes qui ont modelé la surface peu mouvementée qui l'entoure. D'un autre côté, les montagnes bordant le Tell au sud se découpent en longs contreforts dont les crêtes, se recourbant toutes ou presque toutes vers l'ouest, donnent à la partie occidentale du Sahara un aspect tout particulier. »

II

Tel est le pays — alors à peu près inconnu, — à travers lequel eurent lieu les deux missions du colonel Flatters, explorations dont le but était surtout de relever la topographie du sol au point de vue de la construction, à travers le Sahara, d'une ligne de chemin de fer destinée à relier dans l'avenir nos possessions du Sénégal à celles de l'Algérie, et à attirer vers ces deux colonies françaises une grande partie du commerce du centre de l'Afrique.

La première mission comprenait dix memhres, y com-

(1) On appelle *Tell*, dans le nord de l'Afrique, toute la région montagneuse comprise entre la côte, du cap Ghir à Gabès, et les chaînes de l'Atlas, du Djebel-Amour, et de l'Aurês.

pris son chef, M. Flatters, lieutenant-colonel d'infanterie, ancien commandant supérieur de Laghouat.

Le 3 février 1880, les préparatifs de l'excursion étaient terminés, les deux cents chameaux destinés à former la caravane rassemblés à Biskra, et tous les membres de la mission réunis dans cette même ville. — Le 7, on se mettait en route dans la direction de Tougourt à travers la grande plaine formant la vallée de l'Oued-Djedi.

Après s'être reposée quatre jours à Tougourt, du 14 au 18 février, la caravane se remit en marche vers Ouargla, où elle arriva le 25 février, après avoir cruellement souffert de la disette d'eau dans ces régions torrides et sablonneuses. Jusque-là, cependant, on n'avait point encore traversé le vrai Sahara : les plus grandes fatigues allaient seulement commencer.

A Ouargla, le colonel augmenta de cinquante le nombre de ses chameaux et entra en arrangement avec le caïd des Chaamba, pour obtenir qu'il lui procurât des guides parmi les hommes de sa tribu : il comptait sur le concours des Chaamba pour pénétrer chez les Touareg.

Partie d'Ouargla, le 6 mars, la caravane voyagea pendant plus de deux mois dans le grand désert, à travers ce pays des dunes, au sable fin et brûlant, où l'eau est chose presque inconnue. « On avançait, montant et descendant, et suivant parfois d'étroits couloirs plus ou moins encombrés de sable. » La rencontre d'un puits environné de pâturages était une bonne fortune dans ce pays désolé, et la moindre oasis se trouvant sur la route était aussitôt fêtée par un repos largement gagné. Tel entre autres le repos que l'on prit, les 29 et 30 mars, à l'oasis de Temassinin.

« Les jardins de cette oasis, dit l'historiographe du voyage, comptent environ cent cinquante palmiers à l'ombre desquels croissent quelques figuiers, des céréales, orge et blé, et des légumes, oignons, carottes, choux et pois. Tout cela pousse, admirablement bien arrosé par un puits artésien de douze mètres de profon-

La rencontre d'un puits était une bonne fortune

deur, qui donne une eau excellente en assez grande abondance quoiqu'il soit en fort mauvais état. L'eau du puits s'écoule par une *seguia* (canal d'irrigation), bordée d'énormes roseaux qui forment, avec les figuiers et diverses plantes aquatiques, un fouillis de verdure fraîche que nous ne pouvons nous lasser de contempler. Le nègre, qui se nomme Sliman, demande au colonel que l'on ne fasse pas boire les chameaux à son puits, ce brave homme craint pour sa récolte et avec raison; il y a d'ailleurs un puits à peu de distance auquel nos animaux pourront s'abreuver en toute liberté. » Ce nègre composait, avec sa femme et ses enfants, les seuls et uniques habitants de l'oasis de Temassinin.

Le 2 avril, peu de temps avant de rencontrer les Touareg, la caravane fut assaillie par une tempête de sable. Le colonel s'était arrêté avant de pénétrer dans les grandes dunes et avait choisi, pour y dresser ses tentes, un emplacement que décrit l'historiographe du voyage.

« C'est, dit-il, un petit plateau sablonneux qui forme comme un véritable balcon dominant d'une trentaine de mètres la plaine que nous venons de traverser. L'endroit est charmant, et vu son élévation, il s'y fait sentir une légère brise bien agréable, car la chaleur est réellement épouvantable aujourd'hui. Pendant que le camp s'établit, Bernard, suivi des ingénieurs, se dirige vers un piton sablonneux très élevé qui se trouve à un kilomètre du camp. Du haut de cette dune qui domine celui-ci de cent vingt mètres environ, on découvre un immense horizon; les plaines de sable succèdent aux dunes et les dunes aux plaines, rien que de sable fauve où de grandes taches verdâtres indiquent quelques champs de seffar. Cependant, sur cette immensité mouvante, une large montagne sort du sable qui en bat les pentes abruptes et ravinées profondément; il serait difficile de dire l'impression que nous ressentons tous à la vue de cette croupe noirâtre qui, toute modeste qu'elle est, peut s'appeler une vraie montagne. Les lorgnettes en scrutent les pentes avec un soin sans pareil ; nous restons longtemps à contempler le Khanfonsa (Scarabée, nom que les indigènes ont donné à cette montagne), et c'est seulement à la nuit tombante que nous nous décidons à regagner le camp. Nous nous mettons alors à table, sans grand appétit, car le temps est excessivement lourd et nous mangeons tous sans conviction.

» Tout d'un coup, un sourd roulement qui croît de seconde en seconde nous tire de notre torpeur ; nous nous regardons tous, mais nous n'avons pas le temps de dire un mot. C'est une tempête de sable ! Le vent arrive comme la foudre, entraînant dans sa course folle des masses de sable qui glissent sur la toile de notre tente en grinçant d'une façon agaçante ; ce n'est plus le coup de vent d'hier, c'est un ouragan d'une violence dont rien n'approche. Nous sommes tous cramponnés à la toile de la tente qui s'envolerait comme une plume si le vent passait sous ses bords. Dehors, c'est une débâcle complète ; Bernard, Béringer et deux ou trois autres se risquent à sortir ; il n'y a plus que deux tentes debout, tout roule pêle mêle dans le sable qui est soulevé et entraîné, avec une telle force, qu'il produit des picotements très désagréables à travers les effets de drap. Puis, ce n'est pas tout, le vent redouble, le tonnerre se met de la partie et un véritable déluge fond sur tout ce que le vent a mis à découvert ; ce ne sont pas des gouttes qui tombent, ce sont des paquets d'eau qui vous frappent comme un soufflet. Le tapage est horrible, les cris des hommes et le beuglement des chameaux forment un contact lugubre que dominent les hurlements de la tempête et le fracas du tonnerre. On croirait que les hautes cimes de sable qui nous entourent croulent de toutes parts et que nous assistons à un de ces grands cataclysmes qui bouleversent la surface d'un pays.

» Cela ne dure qu'une heure; le vent diminue un peu de force, la pluie cesse et le grondement de l'ouragan s'enfuit dans le nord; cependant, le vent souffle jusqu'à minuit avec une telle force que l'on a les plus grandes peines à remettre les tentes d'aplomb avant cette heure.

» Le lendemain, au lever du soleil, le camp présente un fort triste aspect; chacun fouille dans le sable pour chercher des objets absents; au bout d'une heure de recherches, l'on renonce à trouver les quelques outils ou instruments qui manquent encore. »

Enfin, le 12 avril, on arriva au pays où vivent les Touaregs et l'on entra en relations avec quelques-uns d'entre eux. Déjà, quelques jours auparavant, on avait fait la rencontre de deux de ces nomades habitants du désert qui avaient refusé au colonel de lui donner aucune indication pour la marche de la caravane. La mauvaise volonté des Touaregs à l'égard de la mission fut d'ailleurs promptement évidente; les guides chaamba ne tardèrent pas à montrer, de leur côté, un égal mauvais vouloir. Il ne fut bientôt plus douteux pour le colonel « que les Chaamba, dont les approvisionnements étaient insuffisants, devaient tout faire pour abréger le voyage. De plus, ils ne tenaient pas beaucoup à ce que nous allions à Ghat, ville dans laquelle ils ne voulaient pas aller, et où nous aurions pu trouver à nous ravitailler en hommes et en vivres, et par suite les traiter en raison de leur mauvaise conduite passée. Aussi, est-il certain que Touareg et Chaamba étaient parfaitement d'accord pour arrêter la mission dans sa marche à l'est, les uns en massant des forces autour de son camp et en vivant en grand nombre sur ses subsistances, les autres en gardant une neutralité affectée qui se serait changée de suite en une défection bien nette au cas d'une attaque.

« Vingt ou vingt-cinq personnes pouvaient-elles risquer leur vie dans de pareilles conditions? C'eût été une folie qui se serait terminée certainement par une catastrophe inutile. Puis, n'est-il pas bien sûr que les montagnes de sable qui nous entourent, cachent plus d'ennemis que ces soixante gredins qui nous regardent dîner dans nos tentes, avec l'impudence de gens sûrs de leur fait? »

Aussi dût-on songer au retour sans avoir pu, ni atteindre Ghat, ni parcourir sérieusement la région habitée par les Touaregs.

Le 21 avril, à la grande joie des Chaamba, on reprit la route de Ouargla, où l'on arriva le 17 mai, après de nouvelles et mortelles fatigues. Quatre jours après, le 21, par un soleil splendide, la caravane, réduite à une centaine de chameaux, se remettait en marche dans la direction du Mzab : elle atteignit Laghouat au commencement de juin.

Le principal résultat de la mission Flatters avait été atteint au retour : c'était d'avoir trouvé une « immense trouée où passe l'Oued Igharghar qui traverse du nord au sud tout le massif de l'Erg, trouée qui est la seule voie possible pour une ligne de fer transsaharienne dans l'état actuel de nos connaissances. Enfin, les levés ont déterminé, sur quatre cent cinquante kilomètres de longueur, la topographie de la vallée de l'Igharghar, le grand fleuve saharien qui est probablement la vallée de pénétration la plus facile pour aller rejoindre le Niger en raison du peu d'élévation des cols qui séparent les bassins des deux fleuves. »

III

« De toutes les peuplades sahariennes, les unes, qui nous sont soumises, supportent leur joug avec peine et ne perdent pas une occasion de nous faire sentir leur inimitié; les autres s'opposent, par tous les moyens possibles, à l'extension de notre puissance. C'était donc folie de compter sur les premiers pour pénétrer chez les seconds; c'est cependant ce que la première mission tenta de faire avec ses guides et son escorte de Chaamba. Ceux-ci conduisirent la mission sur la route qu'ils voulurent et l'arrêtèrent, de concert avec les Touaregs, dès qu'ils le trouvèrent bon. Cette mission n'ayant en fait rencontré aucune résistance matérielle, on crut pouvoir recommencer dans les mêmes conditions, mais sans demander le concours des Chaamba, autrement qu'en qualité de Guides. »

Le colonel avait écrit à Ahitaghel, chef des Hoggar, pour lui demander le passage dans le pays des Hoggar et lui expliquer le but de la mission. Ahitaghel avait fait à cette demande trois réponses successives, sensiblement différentes de sens, de ton et de forme. ***Nous ne voulons pas de vous, laissez-nous tranquilles***, tel était à peu près le sens brutal de la première réponse. Dans sa deuxième lettre, le chef des Hoggar tâchait de faire revenir le colonel sur la mauvaise impression qu'avait dû lui causer sa première missive. Puis il lui disait « qu'il ferait bien d'attendre le mois d'avril 1881, pour venir dans son pays, parce qu'il était obligé d'aller au Touat faire la paix avec les Azgar... » Enfin, il ne manquait pas de conseiller au colonel d'emporter beaucoup d'argent et de composer sa caravane de Chaamba avec fort peu de Français. Il finissait en lui disant de lui envoyer le Chaambi Cheikh-ben-Bou-Djemaa pour l'avertir de l'époque de son arrivée.

« Dans une troisième lettre, Ahitaghel semble regretter de s'être avancé ; il est évidemment pris entre l'envie qu'il a de tirer bon parti de la mission française, et l'opposition très nette des autres chefs Hoggar à l'entrée d'étrangers, dans leur pays.

» Tout cela n'était pas fait pour donner une grande confiance au colonel Flatters et à ses compagnons de voyage dans l'accueil des Touaregs Hoggar. Aussi le chef de la mission chercha-t-il à changer l'organisation de sa caravane, en lui donnant une force qui lui permît de résister effectivement, si besoin était.

» La mission proprement dite comprenait neuf personnes : MM. Béringer, Roche, le colonel Flatters, le capitaine Masson, le docteur Guiard, le lieutenant de Dianous, MM. Santin, ingénieur civil, Dennery, Pobéguin, sous-officiers de cavalerie. — MM. Béringer et Roche étaient chargés, comme l'année précédente, des études topographiques, géodésiques et minéralogiques ; le docteur Guiard, des études naturelles. Masson, de Dianous, les deux sous-officiers, devaient diriger la marche du convoi qui fut divisé en sept sections placées nominalement sous le commandement des membres de la mission, de telle sorte que chacune portât vivres et approvisionnements pour former au besoin un convoi séparé.

» Le personnel du convoi comprenait quatre-vingt-huit personnes, dont deux Français, Brame, ordonnance du colonel qui avait fait le premier voyage et voulut suivre Flatters bien qu'il eût fini son temps de service, et Marjolet (Paul) engagé volontaire à Constantine en 1880, et qu'une chute de cheval avait retenu à Ouargla au départ de la première mission.

» Les indigènes étaient donc au nombre de quatre-vingt-six, comprenant : quarante-sept tirailleurs de bonne volonté et trente et un Arabes civils, pour la plupart anciens tirailleurs ; quelques-uns avaient fait le premier voyage chez les Touaregs Azgar. Les huit autres personnes étaient les guides et un mokaddem (vicaire) de l'ordre de Tedjini, lequel était censé couvrir la caravane de son influence religieuse.....

» Le 18 novembre, la mission quittait El-Aghouat et marchait sur Ouargla en passant par la route du nord ; elle arrivait dans cette oasis, le 30 du même mois, et y séjournait trois jours, afin de s'organiser définitivement ; le 4, tout était en ordre, et l'on quittait Ouargla pour marcher au sud, laissant à l'est l'itinéraire parcouru dans la précédente campagne. La route choisie devait être celle du sud-sud-ouest, suivant la vallée de l'oued Mya et laissant le massif des grandes dunes à l'est, de façon à le contourner, tout en s'éloignant le moins possible vers l'ouest. »

Après avoir suivi, jusqu'au 18 décembre, le lit de l'oued Mya, la caravane remonta l'oued Insokki, suivit l'oued Aghrid, l'oued du Mader, l'oued Aouloughi, et, du 1er au 7 janvier 1887, campa auprès du puits de Meseggueм, dans la plaine de même nom, le point le plus méridional qu'ait atteint un voyageur européen de ce côté. Dix jours plus tard, elle était parvenue, dans les monts Iraouen, à un col qui marque le point de séparation des deux versants de l'Iraouen, dont les eaux vont, d'un côté à l'oued Iraouen, et de l'autre à l'oued Igharghar.

« Le panorama, dit l'historiographe de la mission, est réellement merveilleux ; tandis que, au sud et à l'est, les escarpements de l'Iraouen prolongent leur ligne noirâtre et déchiquetée, le fond de la vallée, en partie couvert de dunes, n'est limité, vers l'est, que par les derniers contreforts du Tassili des Azgar. Ces montagnes noirâtres encadrent admirablement ce fauve paysage sur lequel l'oued Igharghar et son affluent l'oued Gharis déroulent leur double ligne de verdure. Vers le nord, les deux massifs montagneux se rapprochent et semblent se toucher pour barrer le chemin à l'Igharghar, lequel s'est frayé de ce côté un passage relativement étroit qui a reçu le nom de El-Kheneg (la gorge). La caravane contourne les dunes et vient établir son camp dans le lit de l'Igharghar ou un peu en aval de son affluent avec l'oued Gharis et presque au pied du Tassili.

» Le 18 janvier, on marche au sud au milieu d'une magnifique végétation qui couvre la vallée sur trois kilomètres de largeur ; vers l'ouest court une longue chaîne de hautes dunes, tandis que de l'autre côté ce sont les contreforts du Tassili élevant verticalement leurs escarpements rocheux à trois cents mètres de hauteur. La caravane laisse bientôt à gauche le débouché de l'oued Tounnourt venant, par une gorge encaissée et encombrée de dunes, du Djebel Tahohaït, piton élevé, situé à cinquante kilomètres vers l'est et au pied duquel se trouve le lac poissonneux d'Iskaouen. Plus loin, le Tassili s'élève beaucoup, et la mission vient camper à l'entrée d'un ravin à parois verticales où coule un joli ruisseau d'eau fraîche et limpide. C'est l'endroit appelé Amguid; de place en place se voient de clairs petits étangs où nagent en tous sens une foule de barbeaux. On installe solidement le camp pour attendre ici le retour de Cheikh-ben-Bou-Djemaa. » En effet, le colonel avait envoyé celui-ci en mission auprès d'Ahitaghel.

Cheikh revint le 22 janvier; il était porteur d'une lettre par laquelle le chef des Hoggar informait le colonel que, étant en route pour rejoindre ses campements, il ne pourrait peut-être pas le voir; toutefois, il maintenait la parole qu'il lui avait donnée et lui promettait de nouveau de lui fournir les guides nécessaires pour traverser son pays. Il lui annonçait aussi qu'il lui envoyait en son lieu et place son beau-frère Chikkat-ben-Haufou.

Dès que Chikkat fut arrivé, on se remit résolûment en marche, le 26 janvier, vers le pays des Hoggar. Le trajet fut des plus pénibles, dans des plaines caillouteuses, au pied de montagnes arides, où le manque d'eau se faisait trop souvent cruellement sentir. Le pays devenait affreux; la fatigue et l'épuisement obligeaient à faire des haltes fréquentes. Pendant une de ces haltes, le 6 février, « dans le sable, autour du camp, on remarque une foule de pierres vertes, que Roche reconnaît bien vite pour être des émeraudes. Chacun se met à la recherche de ces gemmes, et Santin est chargé par le

Massacre de la mission

colonel d'en faire la récolte. Le chef de la mission a promis une récompense à tout homme qui en rapporterait. Ces pierres sont tellement abondantes qu'on en remplit presque une cantine; quelques-unes atteignent la taille d'un œuf. »

La caravane avait atteint Temassint, le 11 février : elle y fit séjour le 12 et le 13. Puis, elle s'engagea dans des défilés, dont le sol, raviné en tout sens, était encombré de roches énormes qui rendaient la marche horriblement pénible. Du côté du sud où elle s'avançait, ce n'était qu'un fouillis de hauteurs rocheuses dont les cimes élevées s'enchevêtraient dans un désordre d'une sombre tristesse.

Le 16 février, « la mission sort de la région mouvementée où elle marche depuis Temassint, et se dirige vers le sud-sud-est, dans une immense plaine sablonneuse qui s'étend à perte de vue sans accidents de terrain. La pluie du 15 a formé quelques mares où les hommes prennent de l'eau. Il n'y en a malheureusement pas assez pour toute la caravane; d'ailleurs on doit camper près d'un puits.

» Vers dix heures du matin, les guides touaregs s'arrêtent, tiennent un conciliabule et déclarent au colonel qu'ils se sont égarés. Cependant, au bout d'un instant, l'un d'eux paraît rappeler ses souvenirs et assure que le puits se trouve vers le nord-ouest. Il ajoute qu'on est à peu de distance, que l'on peut camper où l'on est, puis mener les chameaux boire au puits.

» Le colonel, à qui cet incident paraît louche, hésite beaucoup à suivre les conseils de ses guides, puis, voyant que les hommes du convoi semblent fort inquiets, il se décide subitement et donne l'ordre de camper. Pendant qu'on décharge les chameaux, le chef de la mission, accompagné de MM. Masson, Béringer, Roche et Guiard, se dirige du côté du puits sous la conduite des guides touaregs auxquels s'est joint Sghir. Des quatre autres guides chaamba, Cheikh-ben-Bou-Djemaa et Mohammed-ben-Belghit étaient partis avec l'autorisation du colonel, afin de prendre une gazelle qu'ils disaient avoir blessée, les deux autres étaient restés au camp. Cheikh, rentré au camp, fut averti par El-Alla-ben-Cheikh, frère de Sghir, que le colonel le demandait; Cheikh monta de suite à méhari et rejoignit bientôt les membres de la mission. Quant à Ali-ben-Matalla et à El-Alla-ben-Cheikh, ils prirent leurs mehara et quittèrent le camp sans rien dire en même temps que les chameaux qui se mettent en marche par groupes, suivant les traces du colonel, au fur et à mesure qu'on les décharge. Le maréchal des logis Demery marche avec le premier groupe.

» Cependant, les membres de la mission s'avancent toujours vers le nord-ouest dans un chemin si étroit et si difficile que l'on ne peut y passer qu'un par un; le colonel impatienté demande des renseignements sur la position du puits; on lui répond qu'il est très proche. Cheikh, qui rejoint le convoi en ce moment, s'avance vers le colonel et lui exprime combien est dangereuse cette marche dans une région pareille et si loin du camp. Le chef de la mission, déjà impatienté, accueille fort mal ces observations en disant au Chaambi que c'est par peur qu'il les lui fait. Cheikh n'ajoute rien et se joint au convoi.

» On contourne bientôt un mamelon élevé et l'on arrive dans un large oued qui vient du nord et qui a coulé récemment; il reste encore de l'eau dans quelques trous et les hommes y font boire leurs chameaux. Au milieu de cet oued, dit oued Ouantara, se trouve un puits de quatre mètres de profondeur, situé dans une large clairière, entourée de grands tamarix qui forment un bois touffu. Vers le nord, on aperçoit une gorge étroite par laquelle débouche un ravin profond, bordé d'escarpements élevés qui règnent tout le long de la rive droite de la rivière.

» Le colonel, Masson et les autres membres de la mission, mettent pied à terre et reconnaissent le puits, dit Bir-el-Gharama, que comblent à moitié une foule de détritus; le chef de la mission donne l'ordre de procéder immédiatement au curage du puits. Comme il y a encore peu de monde d'arrivé, les hommes qui tiennent les chevaux sont forcés de se mettre au travail avec les autres; les guides touaregs, El-Alem et Ahitaghel les remplacent et s'éloignent vers le nord à quelque distance du puits. Cheikh, à qui cette manière de faire inspire de la méfiance, conseille au colonel de confier les juments à d'autres hommes qui se tiendraient à portée. Le chef de la mission ne lui répond même pas.

» Les ingénieurs et le docteur qui sont restés un instant auprès du puits, s'en éloignent bientôt et se dispersent aux environs, Béringer s'assied à peu de distance sous un tamarix, Roche et Guiard s'enfoncent dans le bois du même côté. Demery n'est pas encore arrivé avec le premier convoi de chameaux.

» Tout à coup des clameurs épouvantables éclatent de

ce côté et l'on voit arriver comme une avalanche une masse énorme de Touaregs à méhari. Ahitaghel, qu'a rejoint Sghir et qui se trouve près de Béringer, l'abat d'un coup de sabre, pendant que Sghir et El-Alem enfourchent les juments que le colonel et Masson demandent en vain; Khebbi monte à méhari et se joint à la masse des Touaregs.

» Roche et Guiard sont massacrés dans le bois, le colonel et Masson prennent leurs revolvers et se portent au-devant de l'ennemi qui s'avance au galop en leur lançant des lances et des javelines. Les deux officiers déchargent leurs armes sur les assaillants, en tuent plusieurs, mais tombent bientôt hachés de coups de sabre et de lance. Les hommes occupés à curer le puits, saisis de frayeur, se sauvent en abandonnant leurs armes. La plupart sont tués à peu de distance; quelques-uns parviennent à s'échapper. Dennery, qui arrive en ce moment avec quelques hommes et des chameaux, est massacré après une courte résistance. Les autres groupes, qui suivaient, entendant des coups de feu, crurent que l'on chassait dans la vallée; mais, les détonations devenant plus fréquentes, quelques-uns gravissent un piton élevé et se rendent compte immédiatement de la situation. Les Touaregs, à ce moment, se divisent en deux groupes; l'un pousse au nord par le ravin dont il a été parlé plus haut, l'autre au sud, de façon à couper la retraite aux divers convois de chameaux. Les chameliers, voyant ce mouvement, se massent en trois groupes, réunissent une soixantaine de chameaux qu'ils entourent, et, se portant sur un mamelon assez élevé, se préparent à se défendre vigoureusement. Les Thouaregs, toujours à méhari, abordent le mamelon avec une audace incroyable; mais nos tireurs les accueillent par des feux de salve qui les forcent à reculer en perdant beaucoup de monde. Ils reviennent trois fois à la charge, puis voyant qu'ils ne peuvent réussir ainsi, ils descendent de leurs montures et cherchent à avancer pied à pied, en s'abritant des roches énormes qui forment les pentes du mamelon.

» Voyant leur nouvelle tactique, les tirailleurs essaient de battre en retraite vers le camp, pendant que quelques-uns d'entre eux couvrent ce mouvement. Malheureusement les chameaux refusent de retourner de ce côté, bien qu'on les frappe à coups de crosses de fusils. A ce moment, il y a une heure que dure le combat, dix hommes sont tués ou blessés, les cartouches, que chacun a emportées en nombre insuffisant, commencent à manquer; il faut se sauver à tout prix en abandonnant les animaux. Les douze tirailleurs se groupent une dernière fois, s'approchent des bandits qui les entourent, les dispersent par un feu de peloton — leurs dernières cartouches, — et s'enfuient vers le sud-est. Des vingt-deux hommes qui avaient soutenus ce combat héroïque contre trois cents Touaregs, dix rentrèrent dans la soirée au camp, où l'on connaissait déjà les affreux événements qui s'étaient passés à Bir-el-Gharama.

» On s'attendit d'abord à être attaqué par les Touaregs, et le lieutenant de Dianous fit élever avec les bagages une sorte de retranchement, puis l'on attendit dans un état de stupeur indicible. Au bout d'un certain temps, voyant que l'ennemi ne se présentait pas, de Dianous prit vingt hommes et se porta dans la direction du puits, en vue duquel il arriva bientôt. Les Touaregs étaient massés près du puits, leurs chameaux et ceux de la mission couchés en cercle autour d'eux. Dès qu'ils virent les Français, ils s'éloignèrent de Bir-el-Gharama, saisis de frayeur, et allèrent se grouper sur un mamelon voisin.

» Si de Dianous eût attaqué les Touaregs en ce moment, peut-être eût-il pu reprendre une partie de ses chameaux; mais il se faisait tard et la prudence conseillait de rentrer au camp avant la nuit. En rentrant au camp, le lieutenant réunit les survivants Français, Santin, Pobéguin, Brame, ordonnance du colonel, et Marjolet, et l'on délibéra longuement. De Dianous était d'avis de se reposer cette nuit puisqu'on avait encore de l'eau pour plusieurs jours et le lendemain, dès le matin, de livrer combat aux Touaregs, afin de reprendre tout ou partie des chameaux; les tirailleurs, très excités en ce moment, demandaient à marcher. Malheureusement, on prit conseil du mokaddem de Tedjini qui insista pour que l'on reprît la route du nord sans songer à attaquer les Hoggar. Comment cette opinion insensée prévalut-elle? nul n'a pu ou n'a voulu le dire. Le personnage en question eut-il assez d'influence religieuse pour imposer ses idées aussi absurdes que lâches aux braves soldats qui ne songeaient qu'à une vengeance qui pouvait seule les sauver?... nul ne le sait. Toujours est-il que l'on prit ce parti insensé de battre en retraite sur Ouargla, sans chameaux, à travers un pays où l'on devait trouver des ennemis à chaque pas.

» C'était cinquante jours de marche au minimum que ces malheureux allaient tenter de faire avec les seules provisions en vivres, eau et munitions que chacun pouvait porter..... Au camp du 16 février 1881, on se prépara avec une activité fébrile à faire ce terrible voyage; les caisses furent brisées et chacun se chargea d'argent, de vivres et de munitions. Les trente outres d'eau qui restaient encore furent distribuées entre les hommes les plus forts et l'on attendit la nuit pour se mettre en marche vers le nord. La mission ne comprenait à ce moment que cinquante-six personnes, y compris le lieutenant de Dianous, l'ingénieur Santin, le maréchal des logis Pobéguin et les deux Français Paul Marjolet et Brame. Elle avait donc perdu autour de Bir-el-Gharama trente-six des siens, parmi lesquels Flatters, Masson, Béringer, Roche, Guiard et Dennery. »

IV

Les débris de la mission se mirent en route, le 16 février, à onze heures du soir, et opérèrent leur retraite sur Ouargla, constamment harcelés par les Touaregs qui les suivirent pas à pas. Les malheureux eurent donc, non seulement à effectuer une marche écrasante au milieu des sables ardents du désert, avec des vivres insuffisants et souvent sans eau, mais encore parfois à défendre de nouveau leur vie contre les attaques de ces bandits féroces et acharnés qui les pourchassaient d'étape en étape. Ainsi, le 10 mars, dans le ravin d'Amguid, les survivants de la mission, déjà exténués de fatigues et de privations, durent encore livrer un combat qui dura huit heures et dans lequel perdirent la vie le lieutenant de Dianous — le chef de la colonne, — les Français

Brame et Marjolet, et un tirailleur. Les Touaregs avaient, il est vrai, de leur côté, une trentaine de morts et un grand nombre de blessés, parmi lesquels se trouvait leur chef. Mais, la colonne était réduite à trente-quatre hommes, et le maréchal des logis Pobéguin, qui dut en prendre le commandement, était incapable de marcher : il lui fallut faire route sur le dos d'un des quatre chameaux que l'on avait encore.

Ajoutons que, dans cette même journée du 10 mars, le matin, avant le combat, le mokaddem — que ne préserva point son influence religieuse sur laquelle on avait trop compté, — avait été lâchement assassiné par les Touaregs, auprès de qui il s'était rendu en qualité de parlementaire. Le malheureux eut beau prier et supplier ses assassins, implorer leur pitié en invoquant Tedjini, le saint marabout dont il était le représentant, il tomba terriblement mutilé par un coup de sabre.

Après le 10 mars, les souffrances des survivants de la colonne de retour devinrent de jour en jour plus horribles. La faim et la soif étaient intolérables. Le 21 mars, « plusieurs hommes quittent le campement, sous prétexte d'aller à la chasse; une heure se passe et l'on entend quelques coups de fusil, puis ces hommes reviennent, rapportant une certaine quantité de viande qu'ils présentent comme provenant d'un mouflon qu'ils ont tué. Pobéguin reconnaît de la chair humaine et refuse énergiquement d'en manger; les malheureux avaient assassiné et dévoré l'un d'eux! »

La situation devenait donc de plus en plus épouvantable. Depuis trois jours les malheureux n'avaient pas mangé autre chose que des graines de drinn et des feuilles de guetof. « Ceux qui ne sont pas encore tout à fait anéantis se tordent dans les souffrances de la faim sur le sable brûlant. Le 22, le 23 et le 24 mars, on attend à Hassi-el-Hadjadj, espérant encore je ne sais quel secours qui n'arrive pas; ce temps passé, les hommes les moins affaiblis secouent leur torpeur et décident qu'on essaiera de gagner Hassi-el-Meseggueum. Seize hommes, dont Pobéguin, quittent H.-el-Hadjadj le 25 dans l'après-midi, les autres, au nombre de neuf, sont incapables de se remuer et restent auprès du puits; dès que H.-el-Meseggueum sera atteint, on leur enverra des secours.

» La petite colonne s'avance péniblement de trois kilomètres vers le nord, et campe; pendant la nuit, on entend plusieurs coups de fusil du côté du puits.

» Le lendemain deux hommes se rendent à H.-el-Hadjadj pour savoir ce qui s'est passé pendant la nuit; ils rapportent qu'un tirailleur avait tué deux de ses camarades à la suite d'une querelle, puis avait disparu : deux hommes étaient morts de faim.

» Les quatre survivants avaient dépecé et mangé les cadavres de leurs compagnons d'infortune. En apprenant ces faits, quatre tirailleurs de la colonne se rendent à H.-el-Hadjadj; l'un d'eux est Belkacem-ben-Zebla qui, en arrivant au puits, tue un de ceux qui y sont encore; puis il dépèce le cadavre et tous en mangent la chair. Ils couchent au puits et rejoignent Pobéguin le lendemain, rapportant une certaine quantité de chair humaine. Le maréchal des logis qui, depuis six jours, n'a mangé que des feuilles et des insectes, finit par faire comme ses hommes et prend de cette horrible nourriture. »

Enfin, le 28 mars, on se remet en route dès le matin. On avance lentement. L'épuisement est à son comble. La faim torture de plus en plus les entrailles... Le 31 mars, Pobéguin lui-même, couché sans mouvement sous un arbre, est tué et dévoré à son tour par des tirailleurs de la colonne.....

Dix tirailleurs parvinrent à H.-el-Mesegguem, le 2 avril; un autre fut retrouvé vivant auprès du puits de H.-el-Hadjadj. Donc, onze hommes seulement, sur près de deux cents, furent les seuls survivants de cette désastreuse mission Flatters au pays des Touaregs Hoggar.

M. de Brazza

XI

SAVORGNAN DE BRAZZA

I

Le 21 janvier 1886, une grande et magnifique solennité avait lieu au cirque d'hiver, à Paris. La Société de géographie recevait solennellement, ce jour-là, M. Savorgnan DE BRAZZA, lieutenant de vaisseau, commissaire de la République française dans l'Ouest africain, tout récemment revenu à Paris. Dès deux heures, toutes les places de la vaste salle étaient occupées par un public désireux d'acclamer le héros de la fête.

A deux heures et demie, M. de Lesseps, président de la réunion, prenait place sur l'estrade. A son côté venait s'asseoir M. de Brazza, en costume de lieutenant de vaisseau. L'entrée du héros de la fête fut saluée par plusieurs salves d'applaudissements.

M. de Lesseps, après avoir souhaité la bienvenue au courageux et habile explorateur, et l'avoir vivement félicité, lui donna la parole.

En présence de ce public patriotiquement ému, M. de Brazza commence alors, au milieu d'une religieuse attention, le long récit de son odyssée pacifique qui, depuis dix ans, a marqué chaque jour une glorieuse étape dans la conquête de l'Ouest africain.

Deux heures durant, l'intrépide explorateur charme son auditoire par le récit détaillé de son curieux voyage, des difficultés et des obstacles sans nombre qu'il a eus à vaincre, de la diplomatie qu'il a dû déployer pour amener à de meilleurs sentiments « ces indigènes qui ne dédaignent pas la chair humaine. »

Il retrace en termes émus les péripéties de cette œuvre gigantesque dont le résultat a été de doter la France d'un territoire énorme, plus vaste que la mère patrie, plein de ressources magnifiques pour l'avenir, et qui a donné déjà des résultats si encourageants.

Luttes incessantes contre le mauvais vouloir et les obstacles jetés au travers de sa route, privations de toutes sortes, difficultés de toute nature, intempéries d'un climat souvent terrible, le courageux explorateur a tout subi, tout essuyé, tout dominé.

Chaque jour, il portait plus loin l'influence française au milieu de ces populations sauvages, auxquelles il a su victorieusement et pacifiquement démontrer que le drapeau français est l'emblème de la civilisation du progrès et de la paix.

Combien elles ont été touchantes les paroles de l'orateur, lorsqu'il a parlé de ses compagnons de voyage qui ont partagé ses travaux et ses peines, mais qui, moins heureux que lui, n'ont pu voir luire l'aurore du triomphe. Ils sont tombés là-bas sur le champ d'honneur, ces courageux pionniers du progrès, et, sentinelles avancées de la civilisation, ils dorment dans les plis du drapeau français, splendide et glorieux linceul.

La France, grâce à la patience et à la douceur de ses glorieux explorateurs, a conquis, sans verser une goutte de sang, un splendide territoire qui s'étend entre l'Ogooué et le fleuve Congo, et dont l'extension peut encore se multiplier, grâce aux sentiments amicaux que ces peuplades sauvages ont voués à la nation française, en échange des promesses loyales de protection et d'amitié que leur portaient M. de Brazza et ses compagnons.

Il est impossible de traduire l'enthousiasme de l'auditoire lorsque M. de Lesseps, en remerciant M. de Brazza, lui a dit :

« Les applaudissements de cette foule sont pour le gouvernement une indication, presque un ordre. Ces applaudissements doivent être votre *exequatur*. Le gouvernement, en faisant de vous le gouverneur de cette nouvelle France africaine, ne vous fera pas une faveur. Il la fera au pays, qui lui a confié ses destinées et qui, grâce à vous, aura acquis pacifiquement une des plus grandes et des plus riches contrées du monde entier. »

Puis, s'adressant alors à la salle entière, M. de Lesseps ajouta :

« Un seul homme est en état d'organiser notre nouvelle colonie de l'Ouest africain. Cet homme, vous l'avez déjà nommé, c'est celui que vous venez d'entendre et d'applaudir. Il faut que l'opinion publique mette le gouvernement en demeure de renvoyer au plus tôt M. de Brazza en Afrique, avec le titre et les pouvoirs de gouverneur de l'Etat français du Congo. »

Une acclamation unanime éclata alors dans la salle, et elle se renouvela lorsque M. de Brazza eut remercié et répliqué en ces termes :

« Ma devise est : En avant! toujours en avant! et je » suis aux ordres de mon pays. »

II

L'un des récits les plus curieux faits par l'intrépide voyageur dans sa conférence, le jour de cette magnifique solennité, fut celui de sa visite au roi Makoko, qui l'avait envoyé saluer par une ambassade, et la cérémonie de la remise du traité au roi nègre dans une assemblée solennelle.

Nos jeunes lecteurs nous sauront certainement gré de le leur faire connaître; le voici :

« Au jour dit, tous les chefs et leurs plus notables sujets répondirent à la convocation. Le palabre se tint sous un velum de laine rouge, semblable à celui sous lequel avait eu lieu notre première réception. On avait déployé l'appareil le plus brillant des grands jours; et, dans le but de donner plus de solennité à la cérémonie, chacun avait apporté ses dieux lares pour les prendre à témoin.

» C'était un spectacle bien étrange que cette nombreuse réunion, foule compacte, accroupie, où, dans la bigarrure des étoffes à couleurs vives, le mouvement d'une lance ou le déplacement d'un fusil faisait passer des éclairs. Çà et là, tranchant sur le reste, quelques pagnes de satin ou de velours nous indiquaient que des générosités étrangères avaient devancé les nôtres et que tous n'avaient pas eu, comme le grand chef, le courage de refuser.

» Makoko trônait sur ses peaux de lion, négligemment accoudé sur des coussins, entouré de ses femmes et de ses favoris. En face, à quelques pas de lui, M'pohontaba, l'un de ses premiers vassaux, et les autres chefs, assis à terre sur des peaux de léopard, attendaient que le souverain donnât le signal du palabre.

» Nous étions entre les deux groupes, un peu sur le côté. Makoko, sans se lever, souhaita la bienvenue à tout son monde; il expliqua, en quelques mots, le but de la réunion, puis, chaque chef, M'pohontaba en tête, vint à genoux protester de sa fidélité à Makoko, seul vrai chef, disaient-ils, seul propriétaire et souverain de tous les territoires batékés. Tous se déclarent, comme autrefois, heureux et fiers d'être placés sous la protection de notre drapeau et le jurent sur les fétiches et par les mânes de leurs pères. A mon tour, je rappelai le passé en quelques mots; mes hommes présentaient les armes; on sonna aux champs et je fis à Makoko la remise des traités au nom de la France. »

III

Le soir même du jour où M. de Brazza était acclamé au Cirque d'hiver, une réunion nombreuse des membres de la *Conférence Scientia,* présidée par M. Janssen, souhaitait à son tour la bienvenue à l'intrépide explorateur. Dans le discours qu'il adressa en cette occasion à M. de Brazza, M. Janssen fit admirablement ressortir les rares qualités du colonisateur du Gabon, du N'coni, de l'Ogooué, de l'Alima, du créateur des ports de Madiville, de Franceville, de Brazzaville, etc., — et en même temps les immenses services que la nouvelle colonie est appelée à rendre à la mère patrie.

« La France, disait-il, dont le passé est si riche en expéditions lointaines, en entreprises glorieuses et extraordinaires, vous devra une page, peut-être unique, de son histoire coloniale. On y verra comment un homme, tout jeune encore, assisté seulement de quelques collaborateurs d'élite, a pu, en moins de dix ans, et par la seule influence morale, amener d'immenses contrées habitées par les peuples les plus divers, dont beaucoup sont très guerriers, à demander elles-mêmes à nous appartenir et à remettre leur sort et leur avenir entre nos mains.

» Oui, l'histoire de vos trois voyages aux rives de l'Ogooué et du Congo formera époque. Des résultats aussi considérables et aussi surprenants ne peuvent s'expliquer par le seul courage et la seule persévérance. Bien d'autres en avaient fait preuve avant vous; mais ce qui vous appartient en propre, c'est cette vue supérieure des conditions qui doivent présider à nos rapports avec ces peuples, et l'application si habile et si persévérante que vous en avez su faire.

» Dès votre début, quand le problème des sources de l'Ogooué tentait vos vingt-deux ans, on voit que vous aviez déjà vos idées arrêtées à cet égard. Vous vous engagez dans la carrière avec MM. Alfred Marche et Bellay. Je laisse de côté le courage, les difficultés surmontées, la ténacité, le sacrifice même de la santé : c'est ce que nous sommes habitués à admirer dans tous ces grands voyages. Mais je remarque votre conduite dans le haut Ogooué où tous vos prédécesseurs avaient été définitivement arrêtés. Vous auriez pu, grâce à votre escorte supérieurement armée, briser la résistance, et passer outre; mais la question géographique ne vous suffisait pas : vous vouliez ouvrir le grand fleuve au commerce et en obtenir la libre navigation. Vous stationnez dans ces régions, vous visitez ces peuplades ennemies les unes des autres; et, précédé de votre réputation soigneusement établie de représentant d'une nation juste, généreuse, amie des noirs, vous vous adressez à leurs intérêts, et vous savez les opposer si habilement les uns aux autres, que vous obtenez finalement le libre parcours du fleuve.

» Cette conduite habile et généreuse ne vous servit pas seulement dans le bassin de l'Ogooué, elle vous valut des succès plus éclatants encore sur les rives du Congo. Là le souvenir du passage d'un explorateur célèbre, mais d'un caractère tout différent, était encore tout vivant. Les combats sanglants livrés par M. Stanley avaient répandu partout la terreur et la haine. Vous avez su faire de ce sentiment, qui eût été pour tout autre un obstacle invincible, votre principal élément de succès. Le plus grand monarque qui, sur ces rives du Congo, commande à une foule de feudataires, voyant en vous le représentant d'une nation généreuse, puissante et juste, voulut se mettre sous sa protection. C'est là l'origine de ce traité fameux qui donna à la France le protectorat d'une contrée aussi étendue qu'elle-même, et nous ouvrit la navigation du plus grand des fleuves africains.

» Au moment de conclure ces traités, un des chefs de ces tribus, Oubandji, qui avait combattu Stanley et qui craignait, sans doute, de voir en vous un de ses envoyés, vous prenant le bras : *Regarde,* vous dit-il, *cet îlot, et demande le nombre des nôtres qui y sont couchés, victimes des armes du premier blanc que nous avons vu : il a échappé à notre vengeance parce qu'il descendait le fleuve comme le vent, mais qu'il essaie de remonter!*

» Cependant bientôt tout s'explique, et la défiance fit place alors à un sentiment tout opposé, celui du désir de se placer sous notre protection.

» Chez ces peuples primitifs, tout est symbole et tout prend des formes poétiques. Pour conclure la paix, on assembla tous les chefs, on creusa un trou dans le sol, et chacun vint à son tour y jeter une arme ou un projectile; puis on y planta un arbre, symbole d'abondance et de paix. Un des chefs prenant la parole : *Nous enterrons la guerre,* dit-il, *et nous l'enterrons si profondément, que ni nous ni nos enfants ne la verrons surgir, et l'arbre qui croîtra ici témoignera de l'alliance entre les noirs et les blancs.*

» *Et nous aussi, nous enterrons la guerre,* dites-vous à votre tour; *puisse la paix durer autant que cet arbre ne produira ni le fer ni la poudre!*

» Vous leur remîtes alors le drapeau français; mais tous voulurent en avoir, et, pour être assuré de la vertu de cet emblème, chacun vint avec le sien toucher le vôtre. Vous aviez si bien conquis les cœurs qu'il vous

De Brazza devant le roi Makoko

suffit de laisser à la garde de notre drapeau un seul Français, l'énergique sergent Malamine, qui était si respecté, et dont la voix était si écoutée, qu'il eût pu, en un instant, rassembler toutes ces tribus.

» Plus tard, quand Stanley vint dans ces régions pour y conclure un traité, il trouva la place occupée et resta stupéfait de votre promptitude et de votre habileté. Il vit partout flotter le drapeau français, et les sentiments des naturels lui prouvèrent qu'il était inutile d'essayer de les séduire. Il fut contraint à la retraite. « M. de Brazza, » dit-il alors, est un maître homme. » Dans la bouche d'un tel émule, peut-on désirer un plus grand éloge?

» Grâce à vous, Monsieur, la France étend son protectorat et son influence prépondérante, d'une part, sur une vaste étendue des rives du Congo et, d'autre part, sur tout le bassin de l'Ogooué et du Niari, c'est-à-dire sur un ensemble de territoire, grand comme la France et l'Italie réunies. C'est M. Stanley qui l'a dit.

» Les bases de notre influence sur ces peuples sont admirablement posées.

» Dans ces régions équatoriales, le climat ne permet pas de songer à une colonie de populations européennes. Il faut nous faire les éducateurs des noirs, les conduire avec fermeté, douceur, et les amener peu à peu au degré de civilisation que ces races comportent et que je crois élevé. Cette œuvre humanitaire sera belle et fructueuse; mais il faut qu'on en confie la direction à celui qui l'a si admirablement conçue.

» Il y a quelques heures à peine, M. de Lesseps, interprétant les sentiments du grand auditoire du Cirque d'hiver, qui vous écoutait avec tant de sympathie, vous disait que ces acclamations vous donnaient votre *exequatur* de gouverneur du Congo.

» Je puis vous assurer que l'élite qui vous fête ce soir a les mêmes sentiments à votre égard. »

Une difficulté se présentait pourtant à la nomination de M. de Brazza comme gouverneur de l'Etat français du Congo. L'intrépide explorateur n'avait que le grade de lieutenant de vaisseau, et, comme gouverneur, il pouvait être appelé à commander à des amiraux. Mais le gouvernement ne considéra avec raison que les immenses services rendus à la France par M. de Brazza, et nomma quand même gouverneur de la nouvelle colonie celui qui l'avait créée. Cette récompense était bien due à l'heureux rival de Stanley.

IV

Comme nous venons de le voir plus haut, Stanley avait dit : « M. de Brazza est un maître homme. » Mais le grand explorateur anglais ne put s'empêcher d'être jaloux de celui qui avait réussi avant lui et par des moyens pacifiques, là où il n'était arrivé que second, malgré toutes ses ressources militaires et son appareil guerrier. Il chercha, mais sans succès, à contrecarrer les efforts de M. de Brazza. Un de nos publicistes les plus connus a dépeint naguère (en 1888) avec son talent habituel les diverses phases de cette rivalité et les manifestations de la jalousie de l'illustre explorateur anglais.

Devenu, dit-il, par suite de la rivalité et de la concurrence, qui se retrouvent même dans le désert, on pourrait dire surtout dans le désert, hostile aux efforts et aux travaux de M. de Brazza, Stanley, inféodé à l'association africaine belge, a cherché le plus qu'il a pu à contrecarrer nos efforts pour la pénétration commerciale et pacifique au sein du mystérieux continent noir. Il a été jaloux de la marche hardie de notre compatriote M. de Brazza, qui l'a devancé dans cette course intrépide et périlleuse — un steeple-chase à l'inconnu, — à travers rapides et forêts plus dangereuses que des cataractes, et au bout duquel Brazza arriva bon premier, si bien que, quand Stanley se présenta, disposé à arborer le drapeau de l'association belge, il se cogna le nez et l'orgueil contre les trois couleurs françaises, flottant fièrement au vent sur le rivage du Congo que nul pas européen n'avait foulé.

L'incident de la surprise et de la déconvenue de Stanley est assez saisissant. Stanley, pour pénétrer dans l'intérieur, faisait construire des bateaux destinés à être lancés au-dessus des cataractes au-delà de Vivi, quand on vint lui annoncer qu'un blanc, venu de l'intérieur, descendait le Congo, que lui, Stanley, se proposait de remonter. Stanley haussa les épaules; on se moquait de lui. D'où pourrait venir ce voyageur?... De la lune?... Il avait parcouru l'Afrique en ballon, peut-être?... — Quelques instants après, un canot, portant à l'arrière le pavillon français, aborda et M. de Brazza se faisait annoncer à Stanley. C'était un coup de théâtre au fond des solitudes. Stanley fit contre fortune bon cœur. Il accueillit à bras ouverts le voyageur français, et s'enquit de la voie miraculeuse qui lui avait servi pour le rejoindre. M. de Brazza raconta alors sa remonte de l'Ogooué, par lequel il avait pénétré dans le Congo, qu'il avait pu descendre jusqu'à N'hamo, appelé depuis Brazzaville.

Stanley n'a jamais pardonné à son rival cette surprise, ni le traité passé avec le roi Makoko, grâce auquel le drapeau français flotta partout sur ces rives encore aujourd'hui désertes et inhospitalières et qui seront peut-être un jour la grande route du commerce futur dont l'Afrique est destinée à être l'entrepôt et le marché.

Mais, ajoute aussitôt avec justice le publiciste français, les rivalités regrettables de Brazza et de Stanley ne doivent point nous empêcher de rendre un juste hommage aux qualités d'énergie, de précision, de commandement de Stanley, ce simple journaliste, devenu un de ces glorieux « conquistadores » dont les épopées lusitaniennes chantent les exploits. Il a eu cette gloire de poser son pied là où nul talon européen ne s'était encore aventuré. Il n'a pas ouvert, il a éventré l'Afrique. Le sein fermé du terrible continent est désormais pénétrable. Tous ceux qui s'y hasarderont profiteront de la marche audacieuse et souvent sanglante de Stanley.

V

Le but de la mission confiée par le gouvernement français à M. de Brazza à la suite de ses premiers voyages était d'ouvrir définitivement la route de l'Océan atlantique à l'intérieur par l'Ogooué et l'Alima. Cette œuvre est aujourd'hui accomplie, écrivait-on dès 1884. Tout le long de l'Ogooué se trouvent des postes ou des stations françaises, dans lesquelles les commerçants trouveront plus tard asile et protection, comme ils en trouvent déjà dans les forts du Sénégal.

Mais, tandis qu'au Sénégal la turbulence des indigènes nécessite le déploiement d'une certaine force armée et la construction de forts armés de canons, dans l'Ogooué l'influence de la France est essentiellement pacifique;

les seuls coups de fusil que tirent les membres de la mission sont ceux qui sont destinés au gibier.

D'ailleurs, ce n'est pas avec une quinzaine d'Européens et une vingtaine de turcos, malgré l'appui de cent vingt tirailleurs sénégalais, que nous pourrions imposer par force notre autorité aux indigènes : M. de Brazza a toujours défendu une politique de paix et de progrès. Les résultats obtenus jusqu'à ce jour prouvent à quel point sa politique a été féconde.

Grâce à l'autorité morale qu'il s'est acquise (autorité que partagent d'ailleurs ses collaborateurs quand ils ont été reconnus par les indigènes comme amis du grand chef blanc), il a pu, en moins de deux ans, exécuter la première partie de son programme.

Il y a sept postes ou stations sur les bords de l'Ogooué, deux sur les rives de l'Alima, plus quatre autres dans d'autres directions.

C'est sur les bords de l'Alima qu'a été reconstruite la chaloupe à vapeur démontable, portant le pavillon tricolore, et c'est sur cette chaloupe que de Brazza a descendu l'Alima pour gagner le Congo et de là *N'gamchoumo*, station fondée par le docteur Ballay, d'où l'on se rend par terre à la résidence du roi Makoko.

Le docteur Ballay avait prévenu Makoko de l'arrivée de Brazza. Aussi, quand le roi nègre a revu son grand ami, après plus de deux années d'absence, a-t-il manifesté sa joie par les démonstrations les plus chaleureuses et les plus cordiales. Nos jeunes lecteurs s'en sont déjà aperçus en lisant tout à l'heure le récit fait par M. de Brazza de la remise du traité d'alliance avec la France, effectuée au roi nègre dans une assemblée solennelle.

Quels qu'aient été les agissements des émissaires de Stanley, la conduite de Makoko envers la France n'a été nullement modifiée, et, si ces intrigues ont eu un effet, ç'a été de consolider notre influence chez nos protégés et nos amis.

Après être resté quelque temps auprès de Makoko, M. de Brazza est reparti de N'gamchoumo, sur son petit vapeur, pour aller à Brazzaville rétablir le poste qu'il avait fondé avec le sergent Malamine, et que M. Mizon avait fait évacuer.

Ce qu'il y a de curieux, c'est que les indigènes avec lesquels nous avons passé des traités d'amitié, il y aura bientôt quatre ans, qui n'ont pas eu de relations avec la France pendant deux ans, ont conservé intacte la foi qu'ils ont jurée.

Ils haïssent Stanley et ses agents et leur défendent énergiquement l'accès de leur territoire : leur ténacité à cet égard a même motivé l'incident suivant :

Un membre de la mission française, M. Dolisie, remontait le Congo en compagnie du père Augouard, de la mission du Saint-Esprit, pour se rendre à Brazzaville, suivant les ordres qu'il avait reçus. Lorsqu'il arriva auprès du territoire que le roi Makoko a cédé à la France en toute propriété, il se trouva en face d'une foule d'indigènes d'apparence hostile. Son étonnement fut grand; il se déclara Français, envoyé de M. de Brazza : — rien n'y fit... — Les indigènes l'avaient pris pour un espion de Stanley, et ce ne fut qu'après s'être bien rendu compte des intentions de notre compatriote qu'ils lui ont permis de jeter les bases de la nouvelle station.

Cette anecdote prouve ce que peut faire l'influence

civilisatrice des Européens quand elle s'appuie sur la confiance, la justice et l'honnêteté.

La mission française dans l'ouest africain est avant tout une mission pacificatrice : c'est par la persuasion seule que de Brazza a pu accomplir son œuvre.

Aujourd'hui, on peut aller de l'Atlantique au Congo, en un voyage de quarante-cinq jours et de douze cents kilomètres, sans rencontrer devant soi que des nègres qui acclament le pavillon français. Et cependant, M. de Brazza lui-même, il n'y a que quelques années, avait été accueilli à coups de fusil par les peuples qui sont maintenant nos alliés. Le vieux proverbe français a toujours raison : *Mieux fait douceur que violence.*

VI

A titre d'appendice au présent chapitre, voici une véritable curiosité anthropologique, constatée récemment au Congo par M. Louis Wolff, et que M. Gérard Maire faisait connaître en ces termes au mois de septembre 1887 :

« Il y a longtemps, disait-il, que l'on savait ou pour mieux dire que l'on croyait savoir qu'une certaine partie du bassin du Congo était habitée par des peuplades de nains, mais personne ne les avait encore vues. Un des agents de l'Etat libre du Congo, M. Louis Wolff, a été plus courageux ou plus heureux que les autres explorateurs; il est parvenu à les voir et à étudier leurs mœurs.

La peuplade naine habite le territoire des Batuas. M. Wolff a trouvé des villages entiers habités par des nains et des naines dont les plus grands n'atteignent pas la taille de un mètre quatre centimètres.

Ils vivent exclusivement du produit de leurs chasses et ne boivent que du vin de palmiers. Ils prennent le gibier au lasso, et sont d'une adresse de singe pour grimper aux sommets des arbres et presser le jus des fruits dans des outres en peau de buffles.

Ils sont très forts malgré leur petite taille et se servent des mêmes armes que les autres habitants de l'Afrique centrale.

Mais ils n'ont pas un poil de barbe. Leurs cheveux sont crépus et laineux. Ils ont la peau d'un brun jaune, d'une teinte plus claire que les nègres de grande race. Ils ne se marient qu'entre eux et il n'y a, paraît-il, pas d'exemples d'une jeune fille Batuas acceptant les propositions de mariage d'un nègre de taille élevée.

Et pourtant les jeunes Batuas sont très recherchées.

D'après ce que disent les habitants des rives du Congo, il y a plus au nord plusieurs autres peuplades de nains, qui porteraient de longues barbes, tressées et enduites de graisse. M. Wolff espère les découvrir dans son prochain voyage.

Il est bon de faire observer que ces peuplades naines ne forment pas un peuple. Elles sont disséminées au milieu d'autres peuples de stature ordinaire et semblent former les derniers restes d'une race aujourd'hui à peu près disparue.

Hérodote et Strabon parlent tous deux des nains de l'Afrique. On se moque d'eux depuis des siècles, à tort comme on voit, et un autre explorateur finira par découvrir peut-être les hommes à queue de singe dont l'existence ne faisait pas de doute pour le savant Gall.

Le Voyageur Camille Douls

XII

CAMILLE DOULS

Au mois de décembre 1887, on acclamait à la Société de géographie de Paris, le nom d'un jeune héros français, M. Camille Douls, qui, soixante ans après le voyage de René Callié à Tombouctou, a, comme lui, échappé à la mort par miracle, après avoir bravé des périls sans nombre, supporté de terribles souffrances, et cela pour être utile à son pays.

Mais laissons la parole à l'un de nos plus éminents publicistes qui, à cette occasion, a raconté avec sa verve habituelle quelques-unes des émouvantes péripéties de l'aventureuse existence du jeune explorateur du Maroc méridional. M. Camille Douls, — disait-il, — a vingt-trois ans. Il est né à Rodez. Enflammé dès son enfance par la passion des voyages, il passa d'abord quelques années en Algérie, afin d'y acquérir une connaissance parfaite de l'Arabe et des mœurs musulmanes, puis il résolut de parcourir seul le désert entre le Sénégal et le Maroc.

Si l'on est étonné de la témérité de cette tentative, on demeure stupéfait de sa réussite, et l'on verra ce qu'il fallut d'audace, de sang-froid, d'énergie et de courage à notre héros.

Au commencement de janvier 1886, Camille Douls loua sur la côte de l'Atlantique, voisine d'un comptoir espagnol, une barque de pêcheurs, qui, après deux jours de traversée, le déposa sur une plage déserte, avec un léger bagage et quelques provisions que le voyageur cacha dans les rochers.

Puis la barque s'éloigna laissant notre jeune homme déguisé en musulman, absolument seul, entre le Sahara et la mer.

Cette solitude lui pesa bientôt. Il marcha et aperçut au loin un troupeau de dromadaires gardé par un petit esclave nègre qui, voyant son visage pâle et son costume blanc, prit la fuite en poussant des cris.

Il continua sa route : enfin, harassé, brûlé par le soleil, il rencontra quatre Maures, deux vieux et deux jeunes, enveloppés dans des peaux de mouton, les cheveux longs et peu abondants répandus sur les épaules, et qui avaient une dague au côté et un fusil à la main.

A la façon musulmane, il salua le plus âgé, en étendant la main vers lui, et en lui souhaitant la paix de Dieu.

— Qui es-tu? demanda l'Arabe avec colère.

— Mon frère, je suis un serviteur de Dieu, un marchand algérien qui, par la volonté du Très-Haut, a été jeté sur cette côte.

A ce moment, le plus jeune de la bande avisa le riche rosaire musulman qu'il avait autour du cou et le lui arracha. Ce brusque mouvement fit s'ouvrir le capuchon du haïk de l'explorateur, dans lequel était dissimulé son revolver. On le lui prit en lui demandant à quel usage il servait, puis, avant qu'il eût répondu, on le jeta à terre et on le frappa sur la bouche si violemment avec le plat d'une dague qu'on lui brisa deux dents, et la douleur fut telle qu'il s'évanouit.

Ensuite, on le dépouilla de ses habits et on allait le jeter à la mer, quand arrivèrent au bruit une femme et des enfants suivis d'un homme qui, jouissant d'une certaine autorité, intervint, le tira des mains de ses persécuteurs et le fit porter dans sa tente.

Cependant, le bruit de cette capture s'était répandu; d'autres Maures, tous habillés de peaux de bêtes, la tête et la figure enveloppées d'un morceau d'étoffe, armés de fusils et de dagues, accoururent de toutes parts, s'assirent en cercle autour de lui et se mirent à l'interroger.

Douls répondit, comme auparavant, qu'il était bon musulman, mais cette réponse ne parut pas satisfaisante et on le mit aux fers. Après quoi quelques jeunes gens cherchèrent à s'emparer de lui pour le massacrer ; mais son protecteur le dégagea encore en lui disant toutefois qu'il resterait prisonnier jusqu'à ce qu'il eût prouvé, de manière irréfutable, qu'il était un musulman.

Le lendemain, il reçut la visite d'un marabout qui le questionna minutieusement sur sa religion, émit des doutes sur son orthodoxie, et déclara que seul le chef suprême des Arabes nomades, le shérif et scheick Mulainine, pourrait décider à coup sûr.

On le conduisit devant ce grand chef.

Celui-ci était assis sur un tapis, entouré de plusieurs scribes, et une multitude se pressait dans la tente pour lui baiser la main; il portait un turban volumineux et était drapé dans un haïk de soie bleu de ciel.

Pendant plusieurs minutes, il regarda Douls sans mot dire, tandis que les nomades continuaient à lui baiser la main et lui demandaient pour guérir leurs malades quelques grains de sable sur lesquels il avait soufflé.

Enfin, Mulainine lui adressa quelques questions, lui fit réciter le premier chapitre du Coran, l'examina encore, déclara que notre compatriote était né en Turquie et par conséquent bon musulman.

Cela sauva la vie de notre vaillant explorateur. Après quelques autres consultations de scribes, on lui enleva ses fers, on lui donna une peau de mouton et il fut traité comme un membre de la tribu.

Pendant cinq mois, il demeura avec les nomades, parcourant en tous sens le Sahara occidental, prenant des notes et des croquis, visitant l'oasis de Tenduls qui est le marché central des Maures du désert, partageant la vie et la nourriture de ses compagnons qui, sobres à l'excès, se nourrissaient d'une tasse de lait de chamelle par jour, ou d'une poignée de dattes, ou d'un morceau de gâteau d'orge.

Les plus riches seuls abattent tous les dix jours un mouton et le mangent bouilli, sans assaisonnement.

Camille Douls se conduisit si bien qu'un beau jour son premier protecteur lui proposa en mariage sa fille Eléazize.

On négocia le contrat, et le prix de la jeune Mauresque fut fixé à sept chameaux.

Grâce à cet épisode de prodigieux roman, le jeune homme parvint à reconquérir sa liberté.

— Je suis très flatté de ton offre, dit-il à son futur beau-père, mais tu sais que je ne possède rien. Laisse-moi retourner en Turquie, dans ma patrie, et je reviendrai, sans perdre un jour, non seulement avec le prix des sept chameaux, mais avec des biens qui t'enrichiront.

L'excellent Maure, après qu'on eût célébré les fiançailles, le fit accompagner par une escorte.

Après avoir traversé les contrées dont le sultan du Maroc interdit l'accès aux Européens et avoir franchi l'Atlas, le voyageur intrépide arriva enfin, pendant l'automne de 1887, à Maroc, l'une des capitales de l'empire.

Il se croyait sauvé et tout à fait en sûreté, lorsque, rencontrant un Anglais qu'il avait connu, il ne put s'empêcher de le saluer à la manière européenne, ce qui, de nouveau, excita les doutes des musulmans qui l'accompagnaient.

Informé du fait et furieux d'apprendre qu'un Européen était parvenu à traverser ses Etats du sud, le sultan lui fit river les fers aux pieds.

Encore une fois, il fut sur le point de périr; mais l'Anglais qu'il avait rencontré venait, par bonheur, dans le pays, en qualité de ministre, et, en allant à la cour du sultan présenter ses lettres de créance, il obtint la liberté du jeune explorateur français, qui, de retour en France, a, comme nous l'avons dit au commencement de ce chapitre, été chaleureusement acclamé par les membres de notre Société de géographie.

Il est inutile d'insister sur les avantages de semblables expéditions, — ajoutait le même publiciste. Honneur donc à cenx qui, au péril de leur vie, cherchent à se rendre utiles à leur pays et ont adopté cette belle devise : « *En avant*, pour la France ! »

Cette courte notice venait d'être écrite, lorsque la nouvelle de la mort de Camille Douls est arrivée à Paris.

C'est dans le cours de son second voyage dans le Sahara qu'a été assassiné le jeune et intrépide explorateur français. Voici d'ailleurs les détails parvenus à ce sujet, au commencement de décembre 1889, à la Société de géographie de Paris :

Bien qu'il se fît passer pour Arabe et eût adopté toutes les façons extérieures des Arabes, on savait très bien, dans les pays qu'il traversait, que Douls était chrétien et même Français.

Néanmoins, il était parvenu au bled Reggan sans encombre. Là, il avait rencontré une caravane venant de l'Azaouad; cette caravane était composée de Dermecheya, d'Idhenan et d'Ibatnaten. C'est parmi ces derniers que le voyageur choisit des guides pour le conduire à l'Azaouad; il donna à chacun d'eux 15 douros (environ 80 francs) et s'acheta un *mehari* (dromadaire de course), ce qui fit supposer qu'il avait beaucoup d'argent; puis il se mit en route pour l'Aoulef avec une caravane d'Ouled Zenam qui se rendait à Akabli.

Auprès du Hassi-Highen, qui est un peu au-delà du point milieu de la route entre l'Aoulef et Akabli, Douls s'était arrêté à l'ombre d'énormes tamaris qui sont à côté de ce puits; on suppose qu'il s'y endormit et que les deux guides en profitèrent pour l'étrangler avec une corde. Le coup fait, les deux Touaregs dépouillèrent le voyageur et s'enfuirent.

A Akabli, où on attendait M. Douls, on fut fort surpris de voir arriver la caravane sans lui et on envoya à sa recherche; le cadavre fut retrouvé au Hassi-Highen.

Camille Douls n'avait pas trente ans. Il était originaire du Midi de la France.

Sans instruction technique, il avait entrepris de reconnaître les régions inexplorées du Sahara. Dans ce but, il avait appris l'arabe, quelques versets du Coran et les prières usuelles de la religion musulmane.

Dans sa première expédition, il avait été fait prisonnier, après avoir été à moitié assommé par des Maures pasteurs. Il fut fiancé avec la fille d'un chef de tribu et parvint à s'enfuir sous prétexte d'aller chercher des richesses; il arriva au Maroc où il faillit être condamné à mort pour avoir sans permission traversé les Etats du sultan; il ne dut son salut qu'à l'intervention du ministre d'Angleterre qui l'aida à rentrer en France.

Le vaillant explorateur n'en avait pas moins préparé une seconde expédition; c'est celle où il a trouvé la mort.

Le lieutenant Giraud

XIII

LE LIEUTENANT GIRAUD

AUX GRANDS LACS DE L'AFRIQUE ÉQUATORIALE

I

S'en aller, dans l'intérieur de l'Afrique équatoriale, explorer les grands lacs signalés par Livingstone et à peine connus, même encore après les longs et remarquables voyages de l'illustre explorateur anglais; se lancer à travers les mille périls imprévus du vaste continent noir et, dans l'intérêt de la science et du commerce, en affronter les terribles dangers sans cesse renaissants ; — tel était le projet que caressait le lieutenant de vaisseau Giraud, aujourd'hui capitaine de frégate.

Or, pour un homme de cette trempe, vouloir exécuter un projet difficile, vouloir surmonter une difficulté, presque une impossibilité, c'est pouvoir le faire.

Le voyage du lieutenant Giraud dura deux ans (1883 et 1884), et fut effectué avec succès ; nous allons voir au prix de quelles fatigues et de quelles souffrances.

Le lieutenant Giraud projetait avant tout d'explorer en détail les rives du lac Bangouélo, sur les bords duquel mourut Livingstone, puis celles du lac Moéro : enfin, à partir de là, son itinéraire demeurait incertain ; il se réservait de le fixer suivant les circonstances.

Il s'agissait donc de gagner tout d'abord le lac Bangouélo : celui-ci se trouve en plein centre du continent, à égale distance des deux côtes. Pour l'atteindre, le départ pouvait être effectué, soit de Zanzibar, soit de Saint-Paul-de-Loanda, les seuls points, à peu près, où il soit possible d'équiper une grosse caravane pour l'intérieur.

Le lieutenant Giraud se décida pour Zanzibar qui, par sa situation à l'entrée de la route de l'Unianembé, se prête admirablement à la formation d'une caravane.

De cet endroit de la côte au lac Bangouélo la route la plus directe passe à la pointe nord du lac Nyassa : il fallait compter six mois pour effectuer ce trajet — six mois de route pendant la saison pluvieuse sous une pluie presque continuelle, — mais on aurait l'avantage d'atteindre le Bangouélo à la saison sèche et de pouvoir le parcourir, ainsi que le Moéro, dans d'excellentes conditions atmosphériques.

Son itinéraire une fois fixé et décidé de la sorte, le lieutenant Giraud s'occupa activement de faire, à Paris, les diverses et multiples acquisitions d'objets qui lui étaient indispensables pour un semblable voyage, entre autres celle d'un bateau en acier démontable destiné à l'exploration des lacs, et au besoin à la traversée de certains fleuves et rivières.

Puis, lorsque tous ses préparatifs de départ furent terminés avec le plus grand soin, le lieutenant Giraud s'embarqua à Marseille le 9 juillet 1882, et arriva le 25 août à Zanzibar, où il fut reçu et assez bien accueilli par le Sultan.

Mais il n'est point possible de se lancer seul dans un pareil voyage vers l'incertain et presque l'inconnu : l'explorateur doit se choisir une caravane de nombreux serviteurs, et l'équiper avec le plus grand soin. C'est ce que fit le lieutenant Giraud; il consacra près de quatre mois à l'organisation de sa caravane qui fut composée de cent vingt hommes, dont sept chefs. Enfin, il s'embarqua avec tout son monde, le 17 décembre 1882, pour le petit port de Dar-ès-Salam.

Une heure après le mouillage, tout le bagage était débarqué et, dès le lendemain, on faisait une première étape dans la direction des hauteurs de l'Usagara, situées à environ cent kilomètres de la côte.

II

Pendant les deux premières journées le trajet s'effectua à travers une plaine sablonneuse et aride brûlée par le soleil : le troisième jour on arriva dans de vrais vallons, à environ deux ou trois cents mètres d'altitude. Là, tout était vert, frais et bien boisé.

La caravane atteignit Kamruka, le 25 décembre. A partir de ce point, la plaine s'élargit et s'ouvre jusqu'à l'horizon. De Kamruka à Zambué, qui est le dernier village de l'Uzaramo, le lieutenant Giraud constata qu'il existait de nombreux et vastes espaces complètement déserts : c'est sans doute le manque d'eau de source qui en a chassé les habitants.

Quant à l'eau de pluie, depuis le 25 décembre, elle ne manquait point; elle était au contraire trop abondante. En effet, la pluie avait commencé à tomber ce jour-là, et devait durer d'une façon persistante pendant de longues semaines. Presque tous les soirs éclataient des orages qui mettaient le ciel en feu et inondaient le sol.

La caravane passa la journée du 1er janvier 1883, sur la frontière de l'Uzaramo et du Kutu, à Zambué, village dont les cases sont assez bien groupées et entourées d'une haie vive. Le lieutenant Giraud fut d'ailleurs forcé de s'arrêter quelques jours à Zambué, car plusieurs des hommes de son escorte étaient malades. Il profita de son repos forcé pour se livrer à la chasse dans les environs en compagnie d'une bande de Maquois dont il fit la connaissance : il constata dans ces parages une très grande abondance de serpents venimeux et de mouches tsetsés.

On sait que la mouche tsetsé est, dans tout le centre de l'Afrique, le plus redoutable ennemi des bœufs et de tous les animaux domestiques, qui meurent généralement au bout de très peu de jours lorsqu'ils ont été piqués par elle. Cet insecte, un peu plus grand que la mouche commune, est d'un jaune blanchâtre, et son corselet est recouvert de poil gris.

Le 4 janvier, la caravane arrivait sur les bords du Kingani, auquel les indigènes donnent le nom de Rufu. Le 5, elle campait à Msungu, toujours sur les rives du Kingani. On entrait alors dans le Kutu : là, les villages sont plus nombreux, et, par suite, il existe une plus grande quantité de terrains cultivés, surtout en tabac et en chanvre.

Dans la nuit du 9 au 10, la petite troupe eut à essuyer un orage épouvantable. Le campement avait été placé dans un lieu complètement désert, sur les bords du Mgéta, affluent du Kingani. A minuit, les éclairs se succédèrent sans interruption dans tous les coins du ciel, le tonnerre se mit à gronder furieusement, et une pluie diluvienne inonda tout le pays durant une couple d'heures, pendant qu'un vent furieux tordait les arbres et arrachait la toile des tentes : celle du lieutenant Giraud ne fut pas plus épargnée que les autres.

Après s'être séchée tant bien que mal, la caravane se remit en route dès le matin : le 15 janvier, à midi, elle arrivait dans le village de Hongo, où résidait, pour l'instant, le chef du Kutu, et y établissait son campement.

Depuis deux jours, le lieutenant Giraud était atteint de la dyssenterie dont il devait continuer à souffrir pendant toute la durée de son séjour dans les marais de la Makata.

Le 29 et le 30 furent employés à l'ascension d'unc

véritable montagne — du Para-Uranga, — jusqu'à 1,900 mètres au-dessus du niveau de la mer; puis, l'on redescendit presque à pic dans une plaine marécageuse.

Le lieutenant Giraud avait hâte d'arriver dans un pays moins malsain; aussi faisait-il le plus possible forcer la marche de la caravane. Cela lui attira même une tentative de révolte de la part de ses hommes; mais il la réprima assez aisément. Le 7 février, il parvint sur les rives du Ruaha, large rivière qui se dirige vers le sud et lui barrait entièrement la route. Le bateau en acier fut monté et servit à faire traverser la rivière à toute la caravane.

Le 8, dans la soirée, le campement était établi au village de Niukura, à deux kilomètres de la rive droite de la rivière, où le lieutenant acheva sa guérison, grâce à l'accueil cordial des habitants, possesseurs de nombreux troupeaux de chèvres et de moutons.

III

Jusque-là, le lieutenant Giraud n'avait guère éprouvé de difficultés que de la part de la nature; ces mêmes difficultés allaient maintenant être augmentées de celles que les habitants des divers pays traversés chercheraient à lui susciter.

Tantôt, comme dans la plaine de l'Uhébé, la tribu des Vuahébé lui barre la route, refuse de le laisser aller plus avant; et ce n'est qu'au moyen d'une diplomatie persistante et qu'au prix de sacrifices considérables en présents de toutes sortes qu'il parvient à continuer sa route vers la pointe du lac Nyassa.

Tantôt ce sont les hommes mêmes composant la caravane qui font mine de se révolter et d'abandonner leur chef pour retourner vers le Ruaha.

Puis c'est la maladie : soit le *pepo* (délire suivi de convulsions) soit la dyssenterie, qui affaiblissent et déciment la petite troupe. Deux Africains meurent au sortir de la plaine de l'Uhébé ; un autre est dévoré par un lion au moment où l'on atteignait la région de l'Ubena, pays vallonné et boisé, et, par suite, moins triste et moins désolé que celui qu'on venait de parcourir.

Et la pluie persistait toujours, une pluie presque continuelle et souvent des plus fortes, à larges gouttes.

Ce fut sous de pareilles averses que la caravane, en parcourant les régions habitées par les tribus de l'Urori et du Condé, dut traverser des rivières débordées, des torrents démesurément grossis par ces pluies incessantes, et gravir des monts à pic souvent, jusqu'à plus de 2,500 mètres d'altitude. On mit jusqu'à quatre heures pour traverser une petite rivière, et souvent la caravane fit avec peine un trajet de seulement trois milles dans toute une journée (le 1er avril, par exemple) à travers des ravines pelées par l'écoulement des eaux.

Enfin, après avoir quelque peu séjourné dans plusieurs villages du Condé et dans le village de Makula, le beau temps revint peu à peu. La caravane en profita pour se remettre en route. Elle partit de Makula, le 21 avril, dans la matinée, et, après avoir traversé plusieurs rivières — trois dans une seule journée, celle du 26 avril, — tantôt à gué et tantôt au moyen d'un va et vient assez périlleux et difficile à établir, elle rentra, le 27, en plein pays montagneux. L'air pur de la montagne remit bientôt en santé tout le personnel de la caravane, affaibli et débilité par l'humidité persistante des précédentes semaines. Campé à 1,400 mètres d'altitude, le lieutenant Giraud salua le lac Nyassa qui lui apparaissait dans le lointain, argenté par les rayons du soleil et dont la surface scintillait comme un miroir.

N'oublions pas d'ajouter que, pendant toute cette première partie du voyage, le lieutenant Giraud avait eu de fréquentes occasions de chasser des pintades, des zèbres, des buffles et des rhinocéros.

IV

Pendant la fin d'avril et le commencement de mai, la caravane se trouva constamment en pays montagneux : chaque jour c'étaient des ascensions et des descentes continuelles. On ne rencontrait que fort peu d'indigènes dans ces parages escarpés, mais en revanche la fatigue s'y faisait cruellement sentir. Aussi, lorsque le massif montagneux eut été définitivement franchi, la descente dans la plaine fut-elle une véritable fête, d'autant plus grande que, à partir de ce moment — le 5 mai, jour du départ du village de Kiwanda, — le ciel reprit sa sérénité, que la pluie cessa de tomber comme par enchantement, et que l'on eut l'agrément de voyager par un beau temps persistant.

Dès son entrée dans la plaine de l'Uemba, le lieutenant Giraud fut en butte aux exigences des habitants pour pouvoir traverser le pays : ces exigences se renouvelaient d'ailleurs à chaque instant, — chaque chef de tribu tenant à se faire valoir et à obtenir le plus possible du chef de la caravane qui traversait son territoire. La diplomatie ne suffisait pas toujours pour se tirer d'affaire; il fallait souvent avoir recours à l'intimidation. Presque chaque jour, c'était une lutte nouvelle à soutenir contre les divers indigènes que l'on rencontrait.

Ainsi se passa le temps dans la plaine et sur le plateau de l'Uemba jusqu'au 25 mai, jour où l'on arriva dans un immense marais sur les bords du Chambézi, large fleuve que le lieutenant Giraud s'était décidé à traverser pour atteindre le Bangouélo (que les habitants de l'Uemba appellent le Tanganika).

Cet immense marais, formant la rive même du Chambézi, pouvait avoir environ vingt kilomètres de largeur : il est vrai qu'il n'avait guère plus de soixante à quatre-vingts centimètres de profondeur; mais les joncs y croissaient à foison et l'on peut penser qu'ils n'en facilitaient guère la traversée. Quant au fleuve lui-même, divisé en trois bras, il pouvait avoir deux kilomètres de largeur et il fut franchi au moyen de quelques pirogues que l'on obtint des indigènes.

Lorsque la caravane fut arrivée à la rive opposée, elle y retrouva un marais assez semblable à celui qu'elle venait de quitter, si ce n'est pourtant que de son immense nappe d'eau émergeait un nombre incalculable de fourmilières coniques, toutes couronnées de grands arbres : on sait que les termites, ou fourmis blanches d'Afrique, construisent des fourmilières qui atteignent jusqu'à trois ou quatre mètres d'élévation.

Toute cette traversée du fleuve et des marais avait pris six jours, du 25 au 30 mai.

Après avoir séjourné pendant quelques jours chez un

chef, nommé Kétimkuru, et profité de ce séjour pour se livrer à la chasse des éléphants, le lieutenant se remit en route le 16 juin.

Jusqu'au Bangouélo le pays n'offrit plus que le spectacle de la désolation. A peine rencontrait-on quelques rares villages ou camps : on se trouvait dans une solitude continue.

Enfin, après dix jours de marches forcées, on arriva le 30 juin chez Zapaïra, un frère du chef Kétimkuru. On était tout près du Bangouélo. Là, le lieutenant Giraud se sépara momentanément de sa caravane : il ne garda que huit hommes avec lui pour explorer le lac dans son bateau.

V

Le lieutenant s'embarqua le 8 juillet. Les bords du lac avaient l'aspect d'une véritable prairie, tant ils étaient garnis de joncs. Il fallut tout d'abord faire passer le bateau à travers ces joncs gigantesques, formant autour des voyageurs comme une muraille de cinq mètres de hauteur : puis, une fois hors de cet obstacle, la brise s'éleva, la voile se gonfla et le bateau fila joyeusement en pleine eau en cinglant vers le sud.

Le lendemain, dans la matinée, la surface du lac parut se resserrer de plus en plus. C'était l'île de Kirui ou de Matipa qui apparaissait verdoyante et boisée. Cette île renferme plusieurs villages. Les voyageurs la visitèrent et en firent le tour, ainsi que des petites îles qui l'environnent : celles de Bawara, plate et désolée, et de Kisi, élevée de vingt mètres au-dessus du niveau du lac.

Livingstone, avait cru reconnaître que le Bangouélo

occupait une surface de quatre-vingt milles d'eau libre : le capitaine Giraud constata qu'il n'en occupait tout au plus que vingt milles.

Il s'agissait maintenant d'arriver au lac Moéro. Le lieutenant comptait s'y rendre dans son bateau en suivant le cours de la Louapoula, rivière faisant communiquer, d'après Livingstone, les lacs Bangouélo et Moéro. Le 18 juillet, l'explorateur français se lança sur la rivière : pendant les douze premiers jours, tantôt dans des sortes d'étangs, tantôt dans l'eau libre, tantôt à travers les joncs, le trajet s'effectua sans trop d'incidents. Mais le 31 juillet, l'aspect de la rivière changea : elle ressemblait maintenant à un fleuve large et majestueux roulant ses flots avec un courant très prononcé. Dans l'après-midi, un bruit assourdissant de chutes d'eau, avertit les voyageurs qu'ils approchaient d'une série de rapides. Les premiers furent franchis avec un rare bonheur, mais c'eût été folie que de persister à s'engager sur de semblables chutes d'eau sans les avoir auparavant explorées de la rive.

Il fallut donc aborder. Hélas ! à peine descendus à terre, le lieutenant et ses huit hommes étaient faits prisonniers et emmenés loin du fleuve chez Méré-Méré, un grand chef du pays des Vouaoussi (1). Le trajet fut effectué à pied et le lieutenant dut le faire pieds nus, car il perdit en route les semelles de ses dernières chaussures. Sa captivité devait durer plusieurs mois, jusqu'au 2 octobre.

Méré-Méré était un jeune homme de vingt-sept ans,

(1) Le pays des Vouaoussi est limité au sud est à l'ouest par la Louapoula, à l'est par le Bangouélo : il n'a pas de frontière naturelle au nord.

à l'œil vif, intelligent et mobile à l'excès, qui, dans le désir de s'emparer des armes des voyageurs, les nourrissait à peine, afin de les affaiblir par la famine et peut-être aussi dans le secret espoir de les voir mourir de faim. Le lieutenant réussit pourtant à la longue à obtenir de Méré-Méré la permission d'envoyer deux de ses hommes à la recherche de sa caravane : ceux-ci partirent le 30 août, et ne revinrent qu'au bout de près d'un mois avec seulement vingt-cinq hommes — le reste de la caravane étant de son côté retenu dans la capitale du Lunda par Cazembé, chef des Vualunda.

Le lieutenant Giraud profita du renfort qui lui arrivait ainsi pour fausser compagnie à Méré-Méré. Le 2 octobre, à minuit, par une nuit noire, il se mit à la tête de sa petite troupe et s'esquiva dans la direction de la capitale du Lunda, afin d'y rejoindre le reste de sa caravane. Les Vouaoussi firent mine de le poursuivre, mais n'osèrent pas l'attaquer.

Le 15 octobre, après diverses vicissitudes et plusieurs jours de marches forcées, la petite troupe arrivait enfin chez Cazembé et se réunissait au reste de la caravane. Le lieutenant avait dû se faire porter; ses jambes et ses pieds étaient tellement ulcérés qu'il lui était impossible de marcher.

Mais le lieutenant ne tarda pas à s'apercevoir que chez Cazembé, il ne serait guère mieux traité que chez Méré-Méré. Les difficultés s'accumulaient donc avec acharnement devant lui et il n'eut bientôt plus d'autre espoir que d'effectuer une retraite précipitée sur le Moéro, et du Moéro au Tanganika. Il partit, le 23 octobre de la capitale du Lunda, non sans avoir déclaré la guerre à Cazembé : il avait été obligé de laisser cinquante de ses fusils à ce chef peu scrupuleux qui s'en était emparé dès les premiers jours de l'arrivée de la caravane dans sa capitale. Le 29, les voyageurs atteignaient les bords du Moéro.

VI

La nappe d'eau du lac Moéro, « aussi claire que profonde, se déploie du nord au sud-ouest avec la majesté d'un large bras de mer », — dit le lieutenant Giraud. L'embouchure de la Louapoula se trouve au sud du lac dont les rives sont en grande partie bordées d'un rideau de verdure touffue.

Hélas! le lieutenant ne possédait plus son bateau; il avait été obligé de l'abandonner chez Méré-Méré. Il ne put donc point explorer en détail le Moéro. Il avait d'ailleurs hâte d'arriver au Tanganika.

Le 18 novembre, la caravane arrivait enfin à la station d'Iendué, dans la plaine qui conduit au Tanganika et située à une petite distance du lac. Le lieutenant eut l'agréable surprise de retrouver à cette station deux missionnaires anglais, MM. Swann et Brooks, dont il avait fait la connaissance un an auparavant à Zanzibar. L'explorateur français reçut de ces messieurs le meilleur accueil, et profita de cette heureuse rencontre pour prendre quelques jours de repos.

Grâce à l'embarcation des missionnaires, à leur *daou*, le lieutenant Giraud put explorer sérieusement le Tanganika aux eaux profondes, et offrant un panorama superbe « digne en tout de nos plus beaux lacs d'Europe. »

Le lac Tanganika donne la sensation de la mer, avec ses vagues et son immensité. Il est parsemé d'un nombre considérable d'îles minuscules et rocheuses. De nombreux villages sont situés sur ses rives fertiles. Dans d'autres endroits ses bords affectent la forme de hautes falaises rocheuses contre lesquelles ses flots viennent se briser en faisant rejaillir des gerbes d'écume.

Le lac est poissonneux : on y pêche plusieurs espèces de poissons et des arachnides.

Le lieutenant eut le bonheur d'avoir un temps très favorable pour ses excursions sur le lac dont les flots sont parfois soulevés par de véritables tempêtes, plus terribles souvent que celles de la mer, car les lames du lac sont courtes et par suite plus mauvaises que celles de l'Océan.

Après avoir séjourné quelques jours chez le capitaine Storms, chef d'une station anglaise sur les bords du lac et qui lui rendit de grands services (il s'y trouvait encore le 1er janvier 1884), le lieutenant Giraud songea à retourner à Zanzibar.

Nous ne raconterons point en détail toutes les péripéties du retour. Nous dirons seulement que, par deux fois, l'explorateur français eut à réprimer la révolte d'une partie des hommes composant sa caravane, et que le retour eut lieu, d'abord en suivant les côtes occidentales du lac Tanganika, puis par le lac Nyassa avec une nouvelle caravane : en effet, le lieutenant, désespérant de vaincre l'esprit de révolte qui animait une partie des hommes de celle qu'il avait formée au départ, avait pris le parti de renvoyer sans lui les mutins à Zanzibar.

Il s'agissait pour le lieutenant Giraud de rallier la

côte le plus rapidement possible. Aussi, en arrivant au Nyassa, fut-il heureux de rencontrer sur les bords de ce lac plusieurs stations européennes, notamment une station de missionnaires écossais envoyée là à la suite de la découverte du Nyassa par Livingstone. Cette station possédait un petit bateau à vapeur qui fut gracieusement mis à la disposition du lieutenant et le transporta à l'autre extrémité du lac, à la sortie du vaste cours d'eau appelé le *Chiré,* et même de là le conduisit jusqu'à Matopé, à une journée de distance du lac sur le Chiré. On était alors au 15 octobre 1884.

De là, le lieutenant Giraud rejoignit Zanzibar par les établissements portugais de Blantyre et par le Zambèze en passant par Quilimane. Il arriva enfin à Zanzibar au commencement du mois de décembre 1884. Son absence de cette ville pour son exploration aux grands lacs avait duré deux ans.

Au milieu de janvier 1885, le lieutenant Giraud rentrait en France à bord de la *Caravane,* bâtiment de guerre de la marine française.

Guerriers des bords du Niger

XIV

M. AUBRY AU CHOA ET DANS LES PAYS GALLAS

I

En janvier 1883, à sa sortie de l'Ecole polytechnique et de l'Ecole des mines, M. Alph. Aubry fut chargé par une société de rechercher des mines au royaume d

Choa et dans les pays gallas. Il avait, en outre, obtenu du ministère de l'instruction publique une mission dont l'objet était de faire certaines études topographiques et géologiques.

L'absence ne devait durer qu'un an ; mais M. Aubry prolongea d'une autre année son séjour au Choa et dans les pays gallas, bien décidé, dit-il, « à ne revenir en

France qu'avec une étude nouvelle et approfondie de ces contrées jusqu'alors peu explorées au point de vue géologique...

« L'appétit vient en mangeant, dit un vieux proverbe; aussi le désir de voyager s'accroît en voyageant : on s'accoutume au danger; l'amour de l'inconnu et, peut-être, un peu d'ambition, vous entraînent; on a déjà surmonté bien des obstacles et des périls : pourquoi ne pas en affronter de nouveaux? On se sent attiré vers cette mystérieuse Afrique qui, même après tant de voyages, a encore l'irrésistible prestige du mystère. Si de hardis explorateurs, A. d'Abadie, Livingstone, Cameron, Nachtigal, Rohlfs, Schweinfurth, de Brazza, Stanley, Ivens et Capello ont parcouru cet immense continent dans tous les sens, le centre et l'est sont toujours restés inconnus; entre l'Abyssinie et l'Océan indien, de Kaffa à Zanzibar, vivent des peuples dont nul ne sait les noms; d'intrépides voyageurs, von Decken, Julietti, Lucereau, Arnoux, Bianchi, Barral, tentèrent de soulever un coin de ce voile impénétrable, mais à peine se furent-ils avancés dans l'intérieur de ces terres brûlantes qu'ils furent massacrés; seul, Révoil, après avoir couru les plus grands dangers, nous fut heureusement rendu. »

M. A. Aubry a raconté son voyage et les incidents de son séjour en Afrique dans une fort intéressante conférence faite à la Société de géographie de Paris. Cette conférence (à laquelle nous allons faire de fréquents emprunts), publiée, en 1886, par le jeune et intelligent explorateur, nous permet de faire connaître à nos lecteurs quelques-unes des péripéties du voyage de M. Aubry.

II

M. Aubry partit de Marseille, le 21 janvier, en compagnie du docteur Hamon, qui était chargé de faire des observations de médecine et d'histoire naturelle. Après avoir séjourné trois semaines à Aden, les deux voyageurs s'embarquèrent à destination d'Obock, où ils passèrent plus de deux mois à faire leurs préparatifs de départ pour l'intérieur de l'Afrique. Puis, ils se mirent en route pour Ambobbo, sur le golfe de Tadjourah, point d'où devait définitivement partir leur caravane.

Le 4 mai, raconte M. Aubry, « nous arrivions à Ambobbo; ce village, ancienne résidence d'Abou-Beker, pacha de Zeglah, est assez bien situé sur le bord du golfe de Tadjourah et circonscrit par une chaîne de montagnes gracieusement découpées, présentant sur quelques mamelons des massifs touffus de mimosas; à quelques pas de notre case est un petit vallon couvert d'un gazon assez vigoureux, planté de chaque côté d'arbustes verts dessinant de gracieux massifs, à l'ombre desquels on peut échapper aux rayons ardents du soleil; des dattiers plantés çà et là promettent une abondante récolte.

« En sa qualité de médecin, mon compagnon avait toute facilité pour pénétrer dans l'intérieur des habitations danakiles. Je l'accompagnai un jour dans une de ses visites, chez un jeune chef de dix-sept à dix-huit ans : la case qu'il habitait était tenue fort proprement et même avec un certain luxe, les murs étaient tapissés avec goût de nattes de diverses couleurs et de nombreux ornements y étaient placés. A notre vue, sa jeune femme s'est caché le visage; mais, peu à peu sa crainte s'étant dissipée, elle écarta son voile; elle pouvait avoir de quinze à seize ans. Ses traits étaient fort réguliers, ses oreilles petites et gracieuses; ses lèvres, assez épaisses, sans être lippues, laissaient entrevoir des dents fort belles et régulièrement plantées; les mains étaient étroites et allongées, la poitrine large et bombée, le regard doux, expressif et animé. Les yeux étaient bordés d'un noir factice, car, il faut le dire, l'usage de corriger la nature par l'artifice existe aussi dans ces contrées; malgré la couleur bronzée du teint et des cheveux gras et légèrement crépus, tout cet ensemble était assez agréable.

» Elle portait une robe d'indienne, dont la façon est des plus simples; les baleines, plombs, ressorts et autres perfectionnements de nos grands couturiers à la mode y sont inconnus. Supposez une sorte de sac renversé, l'orifice en bas, au milieu et au fond un trou pour passer la tête, de chaque côté et en haut deux ouvertures auxquelles on adapte des manches deux fois plus longues que le bras, de sorte qu'une fois mises, elles sont plissées jusqu'au coude; serrez le tout à la taille par une ceinture et vous aurez le costume des femmes de distinction du pays. Quant à celles du peuple, une peau de bœuf retenue à la ceinture par une lanière de cuir est leur seul vêtement; encore est-il souvent en lambeaux.

» Le caractère de ces populations, nous ne le connaissons que trop, hélas! Dans ces derniers temps, deux de nos compatriotes, tous les membres d'une mission italienne, ont été victimes de leur cruauté et mon ami M. Chefneux, Français sympathique et dévoué, fut retenu quelque temps au milieu de ces sauvages qu'il traitait avec une douceur et une bonté inépuisables. Le docteur Hamon disait que ces tribus étaient vindicatives et rancunières, il était encore très loin de la vérité ; ce sont absolument des bêtes fauves, tuant pour le plaisir de tuer, pour la vue du sang : douceur, morale, conseils, amitié même, elles ne veulent rien comprendre. Le matin, vous donnez vos soins à un malade ; la nuit, il cherche à vous assassiner. Dans ces contrées on honore le meurtre : celui qui a tué porte une plume d'autruche dans les cheveux, blanche si le sang est récent, noire s'il est plus ancien ; il orne aussi son bouclier d'une queue de cheval ; enfin, quand il a commis un certain nombre d'assassinats, il se perce les oreilles et à l'aide de morceaux de bois agrandit le trou jusqu'à ce qu'il ait à peu près la largeur d'une pièce de cinq centimes. Il va sans dire que si la victime est un blanc, le mérite est bien plus grand, le meurtrier est alors un grand personnage ; il est choyé, honoré et jouit de la considération publique. »

III

Telles sont, en effet, les peuplades parmi lesquelles séjournèrent quelque temps les deux voyageurs en attendant que la caravane dont ils devaient faire partie fût prête à se mettre en route. Enfin, le départ eut lieu le 29 mai, et l'on se dirigea définitivement au sud-ouest, vers Ankoker.

Ce fut un pénible voyage à travers un pays désolé,

formé d'une série de montagnes rocailleuses de production volcanique. Arrivés au lac Assal, le spectacle devint encore plus sombre et plus effrayant.

« Là, point de vie ni de végétation, nul animal, aucun oiseau ; pas un brin d'herbe ne croît dans ce chaos épouvantable de roches volcaniques, que l'on croirait à peine refroidies ; des chemins abrupts et escarpés où il faut souvent se hisser avec les mains, une température écrasante de quarante-cinq degrés à l'ombre et, comme par dérision, vers le soir, un vent chaud et violent, venant du sud-est, qui vous couvre de poussière et vous empêche de jouir de la fraîcheur de la nuit, telle est la vie insupportable qui attend le voyageur au sortir du golfe de Tadjourah. Le lac Assal, à cent quatre-vingt-dix mètres au-dessous du niveau de la mer et entouré de tous côtés de hautes montagnes, forme le fond de cette fournaise. »

» Quelle vie que la nôtre, loin des siens et de son pays ! — écrivait le docteur Hamon. — Nous avons, outre l'intempérie du climat, à nous sauvegarder contre les indigènes et veiller à notre conservation, car notre existence est menacée. J'écris ces lignes à l'ombre d'une espèce de tente que je n'ose quitter, la chaleur s'élève du sol comme d'un poêle, et le sable nous brûle les pieds ; rien que de sombre, de triste. L'éclat de la lumière donne au site un ton brûlant qui blesse la vue ; mieux vaudrait mourir que de vivre au milieu de cette contrée qu'on peut regarder comme le vestibule de l'Enfer. Mes compagnons sont, comme moi, tristes et maussades ; nous avons l'air de gens à qui l'existence est bien à charge, mais l'inconnu sert d'espérance, et peut-être demain vaudra mieux qu'aujourd'hui, à moins qu'il n'y ait pas de demain pour nous. »

L'infortuné docteur avait comme un pressentiment de sa fin prochaine : il devait, en effet, mourir quelques mois plus tard sur les bords de la rivière Aouache, victime des fièvres endémiques de ces contrées malsaines.

Après avoir quitté le massif volcanique du lac Assal, les voyageurs continuèrent leur route au milieu du désert. Ils passèrent de la sorte à Gahar, Sékaïto et Boundourah, traversèrent les pays danakils, voyageant le plus souvent la nuit et se dirigeant rapidement vers les montagnes d'Abyssinie, afin d'échapper plus aisément à une bande de soldats danakils que le sultan d'Aoussa avait envoyés à leur poursuite. Enfin, à force de précautions et de diligence, ils parvinrent à gagner les bords de la rivière Aouache, où ils furent à l'abri de tout danger, et à pénétrer dans le royaume de Choa (que l'on écrit aussi *Choah*).

IV

« Il est difficile, dit M. Aubry, après avoir parcouru les pays danakils et somalis, de passer par une transition plus brusque à un plus ravissant contraste : Ce sont de hautes montagnes couvertes d'immenses forêts et d'une luxuriante végétation; des torrents formant de nombreuses cascades serpentent au milieu de magnifiques prairies et de champs de coton, de maïs, de doura, de tief (graminée du pays), de blé, d'orge, de fèves et de pois; des oiseaux aux vives couleurs parsèment ce tapis de verdure de perles éclatantes. Un printemps éternel règne sur ces admirables contrées.

» En sortant de l'Aouache, nous nous trouvons à huit cents mètres au-dessus du niveau de la mer, tandis que le sommet le plus élevé de la chaîne, l'Emambrat, atteint près de trois mille trois cents mètres ; on devine les changements qu'amène un exhaussement aussi prodigieux, s'accomplissant sur une étendue d'une quinzaine de lieues. On escalade cette pente par une route, à chaque instant coupée de rochers, se déroulant en mille replis, rasant souvent le bord d'effroyables précipices et que l'on ne traverserait pas sans péril, si l'on n'était protégé par l'adresse merveilleuse des mules d'Abyssinie.

» Le 7 juillet 1883, nous arrivions à Ankoker, après avoir quitté Paris le 4 janvier!..... Ankoker est bâtie sur deux mamelons; l'un d'eux, auquel on parvient par un chemin affreux et rapide, est occupé par la maison du roi ou *Guéby,* l'autre forme la ville. De petites maisonnettes rondes, couvertes en chaume, gracieusement échelonnées sur le flanc de la colline et entourées de haies vives, de petits enclos disposés en gradins où l'on cultive de l'orge dont la couleur tranche heureusement sur ce fond de verdure, donnent à cet endroit, vu de loin, un aspect assez pittoresque. Malheureusement, des rues étroites, tortueuses, remplies de pierres, où l'on peut difficilement marcher à pied et dans lesquelles, si l'on passe à mulet, on a le visage déchiré par les branches, une odeur nauséabonde, provenant de l'agglomération d'habitants malpropres, rendent ce séjour assez désagréable. La population d'Ankoker est stationnaire; ce sont des ouvriers du roi et des artisans dont la position est sédentaire, des tailleurs, des bijoutiers, des tisserands, des forgerons, des tanneurs, des corroyeurs, des selliers, des fabricants d'instruments de musique (tambourins, cythares, flûtes, etc.); d'anciens fonctionnaires, souvent infirmes, qui ne peuvent suivre le roi dans ses expéditions, des marchands qui font le commerce avec la côte, et de vieilles femmes qui vivent modestement d'un petit terrain qui leur appartient, tout en mendiant et exerçant toutes sortes de métiers, la fabrication du pain, de la bière, de l'hydromel, de l'araki, des parfums, etc., etc... Malgré leur misère, les gens de ce pays sont gais et rieurs, pourvu qu'ils aient de la mauvaise bière à boire et quelques galettes d'orge à se mettre sous la dent; ils se livrent à des chants nasillards, à des battements de mains et à des danses grossières qui traduisent leur joie, mais sont loin de faire le charme des Européens auxquels ils écorchent les oreilles. »

Dans ces contrées, les indigènes considèrent un Européen comme un Dieu. Ils croient qu'il doit tout savoir faire. Comme ils ne connaissent ni machines, ni outils, et « comme ils voient des quantités de produits fabriqués venant de nos contrées, ils s'imaginent qu'avec nos mains seules nous pouvons les fabriquer absolument comme pour un tour d'escamotage. » Voici à cet égard une amusante anecdote racontée par M. Aubry :

« Le jour de ma première entrevue avec le roi, dit-il, il me manifesta le plaisir d'avoir un ingénieur, et, m'apportant un sabre en fort bon acier d'une fabrique européenne, il me demanda si je pouvais en faire de pareils; à ma réponse affirmative, il manifesta une grande joie et me dit de lui en confectionner un et de le lui apporter. Je lui objectais qu'il me fallait construire des fourneaux, employer un nombreux personnel d'ouvriers que je devais former et que cela me demanderait un certain temps. — Ah! me répondit le roi, je croyais simplement qu'il n'y avait qu'à mettre dans le foyer où l'on fondait le fer quelque poudre pour obtenir le produit désiré. — Je lui démontrai que, chez nous, c'était par le travail et l'intelligence que nous étions arrivés à de si grands progrès et nullement par des moyens surnaturels; Sa Majesté comprit assurément, mais n'a pas encore convaincu son peuple, car il m'est arrivé maintes fois depuis des aventures analogues. »

Comme on le voit, les voyageurs furent fort bien reçus par Sa Majesté Ménélick, à qui ils furent présentés par l'*azage* Ouelda-Tadick, le premier personnage important dont ils firent la connaissance en arrivant au Choa. L'azage — c'est-à-dire le premier ministre du souverain qui réside à Entotto, — les avait même invités à aller passer quelques jours dans une de ses propriétés, située dans la province de Sodé, où ils admirèrent de magnifiques plantations de coton.

V

Quelques jours après leur retour à Ankoker, à la suite de cette excursion, M. Aubry et le docteur Hamon partirent pour Entotto, où devait avoir lieu la présentation au roi Ménélick. Il leur fallut neuf jours pour effectuer ce trajet, car ils durent faire de grands détours pour éviter les rivières qui, à cette époque de l'année, ne permettaient point le passage à gué : quant aux ponts, ils sont encore inconnus au Choa.

« Le 27 août, raconte M. Aubry, nous sortons nos chapeaux à claque, nos habits noirs assez fripés après la traversée du désert et nous allons nous présenter à Sa Majesté Ménélick : précédés d'un chambellan, nous nous dirigeons vers la salle de réception : l'azage Oueldа-Tadick nous introduit. La pièce est ronde, les murs recrépis à la chaux et couverts de tentures; le roi est couché sur un lit de parade de velours violet et s'appuie à l'orientale sur des coussins de soie brochée d'or; il a la tête couverte d'un morceau de mousseline également de soie blanche appelée dans le pays *ras massaria* (mouchoir de tête), il porte une chemise de velours violet et se drape dans un chama de soie blanche à large bordure brochée. Il est nu-pieds comme tout le monde, cependant, lorsqu'il sort, il porte généralement des souliers, sauf quand il assiste aux fêtes religieuses où il doit porter le costume national. La figure, quoique ravagée par la petite vérole, est agréable à cause de l'expression des yeux qui sont fort beaux, intelligents et doux.

» Sa Majesté nous reçoit avec dignité et nous invite à nous asseoir sur des chaises apportées là à notre intention; elle est entourée de ses pages et de ses grands généraux portant des chemises de soie, des sabres garnis d'argent; tous sont debout et ont le chama à la ceinture. L'entretien fut court et cordial; le roi s'informa si nous avions heureusement accompli notre voyage, nous félicita d'être venus chez lui et nous demanda quelques nouvelles de notre pays. — Je vous dispense de la généalogie du monarque qui prétend descendre de Salomon et de la reine de Saba. »

Pendant le séjour des voyageurs à la cour du roi

Ménélick, ils furent invités et assistèrent à toutes les fêtes et à toutes les cérémonies en usage dans les Etats du souverain africain.

IV

Mais M. Aubry n'oubliait point à la cour du Choa qu'il devait également explorer les pays gallas. Il profita de la belle saison pour s'y rendre et, le 28 novembre, il se mettait en route en compagnie d'un ami, M. Jules Hénon : le docteur Hamon avait été retenu par le roi, qui ne voulait pas se priver de ses soins.

« Nous nous rendons d'abord à Fallé, raconte M. Aubry, chez le Ras Gobvenah, gouverneur des pays gallas, afin d'obtenir un guide pour notre route. Le grand chef était à son tribunal, sorte de tréteau élevé et couvert d'où il peut dominer ses administrés massés en plein air autour de lui; à ses pieds se trouvaient les juges, les avocats, les *agafarri* ou porte paroles et ses pages. La façon de rendre la justice au Choa est assez analogue à la nôtre : nous y trouvons l'équivalent du tribunal de première instance, de la cour d'appel et de la cour de cassation. Si un différend survient entre deux habitants d'un même pays, ils demandent justice à leur chef immédiat qui est le maire ou *choume;* s'ils ne sont pas satisfaits de son jugement, ils ont recours dans l'ordre hiérarchique au chef immédiatement supérieur et ainsi de suite; ils peuvent, en dernier ressort, en appeler aux juges du roi et au roi lui-même.

» Le lendemain nous prenons congé de ce gouverneur général qui devait rejoindre quelques jours après le roi pour son expédition chez les Aroussis Gallas, et nous nous dirigeons au sud-ouest vers les propriétés du Fisaourari Garrado, chef de l'avant-garde du Ras Gobvenah; comme guide, nous avions Aba Bourah, oncle du roi de Limnou. »

Après avoir traversé la rivière Aouache, près des sources, à l'altitude de deux mille mètres au-dessus du niveau de la mer et avoir séjourné dans la ville de Dandy, les voyageurs atteignirent le premier royaume galla de leur route, celui de Limnou.

Mais laissons la parole à M. Aubry.

« Nous le rencontrons, dit-il, sur la rive droite de l'Aouache, à quelque distance du fleuve; nous en traversons de nombreux affluents, puis nous arrivons dans le bassin du Gouder, affluent de l'Abaï ou Nil bleu. En l'absence du chef ou malkagnat du pays, nous sommes reçus par sa jeune femme, qui vient heureusement au-devant de nous, car les habitants nous refusaient même de l'eau; elle nous fit donner tout ce qui lui était possible, du pain et de la viande pour nos hommes, de la paille et du grain pour nos bêtes; en guise de boisson, nous avions l'eau claire du ruisseau. Cette femme était fort gracieuse; elle portait une jupe de coton à larges bandes de couleur, un chama fin et fort blanc. Ses cheveux pendaient en longues frisures sur ses épaules, encadrant un charmant visage; ils étaient noir, mais teints en blond, à l'aide du fruit d'une variété de *solanum*, à feuille épineuse, qui, dans nos pays, sert à orner nos jardins; cette nuance seyait très bien à la physionomie, qui était douce et avenante...

» Nous traversons le Gouder; passons à Dabeur, ville amhara, analogue à Dandy, et arrivons dans le pays de

Danoh où nous sommes très bien reçus par le malkagnat Oassana Bocqua, fort bel homme d'ailleurs; il nous présente sa femme, une princesse, car elle était précisément la sœur de notre guide Aba Bourah, oncle du roi de Limnou; son costume différait de ceux que nous avions vus jusqu'alors dans ce pays. Ici, comme plus loin, dans les pays gallas, les peaux remplacent les étoffes de coton et de laine; la jupe est en cuir gaufré au couteau, ornée à la ceinture de bandes de grosses perles multicolores, qui viennent retomber devant le milieu du corps, et l'on peut dire que la position et la fortune se mesurent au nombre de ces rangées de perles; aussi certains de ces vêtements sont-ils très lourds...

» Après avoir traversé une première source du Guibié, qui, en cet endroit, coule sensiblement du nord au sud, nous rencontrons des populations pauvres, ruinées par la guerre... Nous pénétrons dans le royaume de Limnou; de nombreux cavaliers viennent au-devant de nous... Nous arrivons le matin à Saka, capitale du royaume; nous voulions nous rendre immédiatement à l'habitation royale, située à une lieue de la ville, mais Aba Bourah veut absolument nous garder la journée dans une de ses propriétés et nous offrir à déjeuner. Force nous fut d'accepter, et, devant une telle insistance, nous nous attendions à un régal : on nous apporte de l'hydromel, mais il était tellement aigre que nous ne pouvions y tremper nos lèvres, c'était un véritable vinaigre; on nous sert ensuite du beurre rance, fondu et salé!... Nouvelle désillusion, on nous sert du café salé!... Ce festin nous rendit rêveurs; c'était mal augurer de notre voyage; si l'on mangeait ainsi chez un grand, un prince même, à quoi devions-nous nous attendre chez de plus modestes personnages?

» Nous allons rendre visite au roi Aba Boguibo; c'est un homme de vingt-cinq à trente ans, couleur café au lait. Il porte des anneaux d'or aux oreilles, au poignet et au petit doigt; ce sont les insignes de son rang; il nous parle de sa famille, de son père, qui aimait beaucoup les Européens et qui avait été très intimement lié avec notre illustre et vénéré maître, M. Antoine d'Abadie... Le prince nous reçoit avec affabilité, amitié même, et nous retient plusieurs jours; bien que son pays soit le plus riche, le mieux civilisé des contrées avoisinantes, ses questions sont empreintes de cette naïveté de l'homme sauvage. Il ne peut comprendre qu'il y ait des races aussi différentes; il nous demande s'il y a des nègres en France; il veut nous faire déchausser pour s'assurer que nous avons bien les pieds blancs comme le visage, ce que nous évitons en lui expliquant que ce serait manquer aux convenances, surtout devant un grand personnage.

» La région de Djimma est très fertile et pourrait produire du grain en quantités énormes; mais les Gallas sont fort paresseux : les grands passent leur journée à discourir entre eux, couchés dans les cours de l'enceinte royale; quant au peuple, il ne cultive que juste ce dont il a besoin pour se nourrir et pour payer les impôts.

» Le pays de Guéra est gouverné par une femme; il y a dix-neuf ans, le roi Aba Magal mourut, laissant un garçon de deux ans. La mère, fort intelligente et d'un caractère énergique, prit en main les rênes du gouvernement; depuis cette époque elle a conservé la régence...

La reine mère fut fort aimable avec moi et me fit des protestations d'amitié, me parlant constamment d'un Européen, le capitaine Secchi, qu'elle avait beaucoup aimé et dont elle s'était séparée avec grand chagrin ; elle oubliait de dire qu'elle l'avait retenu prisonnier deux ans, ainsi qu'un de ses infortunés compagnons, l'ingénieur Chiarini, mort durant sa captivité...

» Avant de terminer, quelques mots sur la religion des pays gallas. On y trouve deux croyances : les Etats du sud, que nous venions de visiter, sont fidèles mahométisme ; ceux du nord, qui se rapprochent de Entotto, ne reconnaissent point le Créateur, mais ils adorent les choses créées : les fleuves, les montagnes. Les arbres sont des dieux pour eux..... En juillet 1885, en compagnie de deux compatriotes, MM. Longbois et Labattut, je quittais le royaume du Choa, reprenant mon ancienne route..... A moitié morts de faim et harassés de fatigue, nous arrivions dans notre colonie d'Obock, au commencement de septembre. »

Porteurs d'ivoire

XV

MM. DE SEMELLÉ ET VIARD AU BAS NIGER

I

M. Edouard Viard qui, il y a quelques années, a accompagné le comte de Semellé dans ses expéditions sur le Niger et son affluent le Bénué, a publié, en 1885, un volume fort intéressant (intitulé *Au bas Niger*) sur cette partie du continent africain. Tout ce qui se rapporte aux intérêts d'humanité, de civilisation, de commerce, engagés dans l'Afrique centrale, mérite, en effet, à l'heure actuelle, d'attirer particulièrement l'attention de la France.

Or, un grand Etat indépendant, ouvert à toutes les nations commerçantes, vient de se constituer sous l'Equateur, — écrivait au lendemain de l'apparition du livre de M. Viard un écrivain de grand talent, M. Léo Quesnel, à qui nous empruntons les lignes qui suivent : — Cet Etat enlève à la barbarie une large zone du continent africain, depuis l'embouchure du Congo jusqu'à la frontière du royaume de Zanzibar. En prenant officiellement le titre de souverain de cet Etat, le roi des Belges semble en garantir le progrès et la stabilité. Les Anglais du Cap, les Boërs du Transwaal, les Portugais de Mozambique et de Loanda gagnent tous les jours du terrain au sud, à l'est et à l'ouest de l'Afrique. La France doit aux conquêtes pacifiques de M. de Brazza l'acquisition du bassin de l'Ogooué. Depuis dix ans, elle s'est avancée davantage sur la rivière du Sénégal ; elle a tenté plusieurs expéditions qui, bien que malheureuses, n'en ont pas moins éclairé la route qui reliera peut-être un jour ses possessions sénégalaises à ses possessions algériennes. Reste le Soudan, qui n'a presque pas été entamé et qui, occupé par des noirs fétichistes et des noirs musulmans, tous misérables, barbares, livrés aux horreurs de l'esclavage, quelques-uns au cannibalisme, a grandement besoin de l'être. Heureusement pour l'avenir de ces immenses et malheureuses contrées, trois grands fleuves y donnent accès : à l'ouest, le Sénégal ; à l'est, le Nil ; au sud, le Niger, — le Niger et son affluent le Bénué.

M. Edouard Viard (nous l'avons vu plus haut), a

accompagné le comte de Semellé dans ses expéditions sur ces deux fleuves; il a survécu à l'illustre voyageur et il continue son œuvre patriotique, en mettant sous les yeux du public français les titres qu'a la France au protectorat, au moins partagé, de leurs rives... Disons donc ce que sont, au point de vue du commerce, le Niger et ses affluents.

Le delta du Niger, comme tous les deltas dans les pays chauds, est trop malsain pour que les Européens s'y puissent fixer. Mais une rivière voisine, la rivière de Brass, reliée à ce fleuve près de son embouchure par des canaux latéraux, leur offre un asile moins insalubre : c'est là qu'ils ont formé de nombreux établissements. Quelques vapeurs anglais remontent le Niger et vont trafiquer jusque dans le royaume de Nupé. Il y a trois ans, ils ne dépassaient pas Egga; le sultan de Nupé, ayant eu besoin de munitions pour faire la guerre à ses voisins, leur a permis de venir jusqu'à Bidda, sa capitale, et cette circonstance a fait faire au commerce européen un saut de quarante lieues sur le Niger. Ce saut ne sera pas le dernier : Comme le fleuve ne présente point à la navigation les terribles obstacles qu'offrait le Congo avant que l'industrie de Stanley et les millions de l'Association africaine internationale les eussent vaincus par des travaux gigantesques, les *steam-launch* et les pirogues peuvent le remonter indéfiniment. De vingt-cinq à vingt-cinq lieues environ existent des villages noirs qui sont devenus des centres de commerce : Abbo, Onitsha, Edo, Idda, Igbébé, Lokodja surtout, à qui sa position au confluent du Niger et du Bénué donne une importance exceptionnelle; Egga, Chounga, Bidda et, sur le

Bénué, Loko, le meilleur entrepôt d'ivoire. Dans ces villages et d'autres, ainsi que sur la rivière Brass, il existait, en 1884, soixante-cinq factoreries européennes, dont trente-deux étaient françaises. Nous avions là des intérêts considérables; mais ce qui était plus important encore, c'est que nos explorateurs, MM. Viard et de Semellé, avaient reconnu la valeur commerciale des rives du Bénué, et conclu avec les chefs de ces pays des conventions qui y eussent assuré, si nous l'eussions voulu, notre droit de préemption. Ce qui méritait surtout de fixer l'attention de notre gouvernement, c'est que le Bénué, qui court de l'est à l'ouest sur la rive gauche du Niger, est la grande route du Soudan central, pendant que le Niger lui-même est avec le Sénégal celle du Soudan occidental. Il y a là deux portes d'accès dans un pays de trois cent mille lieues superficielles, peuplé de quatre-vingts millions d'hommes disposés à nous acheter des étoffes, des fusils de chasse, de la quincaillerie, des conserves alimentaires, de la faïence, des verroteries, et à nous donner en échange l'ivoire, le caoutchouc, l'indigo, la cochenille et surtout l'huile de palme et le beurre végétal, la grande richesse du pays. Les négresses affluent aux factoreries, portant de grands pots de cette huile, et de ce beurre, qu'on n'a que la peine de mesurer, de mettre en barriques, et que l'on expédie en Europe ou aux Etats-Unis avec un tiers de bénéfice. Le commerce de l'ivoire est un peu plus difficile. Il faut souvent de la diplomatie pour faire venir à soi les caravanes; les factoreries, qui se font concurrence, emploient à cette tâche des agents habiles. Quand ceux-ci réussissent et attirent une caravane d'ivoire à leur comptoir, c'est à la fois un joli spectacle et un profit assuré. M. Viard nous donne des chiffres. Il a séjourné trois ans sur les bords du Niger et du Bénué; il a vu que là les dents d'ivoire reviennent, en moyenne, au négociant européen à ***sept mille francs*** la tonne, et il sait que le prix de revente au Havre et à Liverpool est, en moyenne aussi, de ***vingt mille francs;*** bénéfice net, ***soixante pour cent.***

L'arrivée d'une caravane d'ivoire, racontée par M. Viard, offre un coup d'œil très gai. Le chef, à cheval, est en tête avec tous les gris-gris d'ordonnance. Le tam-tam se fait entendre; comme aides de camp, le poète et le musicien. Ces deux fonctionnaires sont chargés des amusements pendant la route; puis viennent les hommes de la caravane armés de lances et d'arcs, ayant tous sur la tête, enveloppée dans des peaux de buffles ou de biches, une défense d'éléphant; après eux suivent les femmes, portant les ustensiles de cuisine. Arrivée à un village, la caravane s'arrête; la distribution des logements se fait et chacun gagne sa hutte. Tous doivent se trouver réunis aux heures des repas, qui sont pris sous l'œil du maître, ainsi qu'au moment de la prière, s'il s'agit de nègres musulmans. Après un jour ou deux de repos pour les hommes, de visites aux factoreries par les chefs de la caravane, la traite commence. C'est le moment où l'intelligence du blanc doit se montrer; quant à celle du nègre, elle n'est, en cette matière, jamais en défaut.

La moisson de l'ivoire, source de tant de gais voyages et de si gros bénéfices, sourirait à l'imagination, n'était ce qu'il y a de barbare dans la chasse à l'éléphant. Cette chasse se fait presque toujours par l'incendie des prairies. L'herbe drue des prairies africaines est plus haute qu'un homme à cheval. Tuer un éléphant serait un pur hasard si on le poursuivait par des moyens ordinaires. On attend donc la saison sèche; les chasseurs, qui sont une armée, forment un cercle de plusieurs lieues de tour, allument des feux sur mille points à la fois, et les pauvres animaux, que les flammes serrent de plus en plus, offrent ainsi un but facile. Que de terreurs les assaillent avant qu'ils ne tombent sous les balles des chasseurs! que de souffrances infligées aux vaillantes bêtes pour nous procurer des objets de luxe aussi inutiles que des manches de couteau ou des bibelots en ivoire! Cette pensée est faite pour changer en tristesse toute la gaieté des joyeuses marches exécutées au son du tam-tam et du chalumeau. Mais le champ du sentiment n'est pas le terrain des affaires, et sur le terrain des affaires les rives du Niger et du Bénué forment deux bassins bénis du ciel, dans lesquels s'écoulent à la fois les eaux et les richesses du Soudan central.

Comme le dit M. Viard avec un patriotique regret : « Qui connaît, en France, l'importance commerciale du bas Niger et du Bénué? »

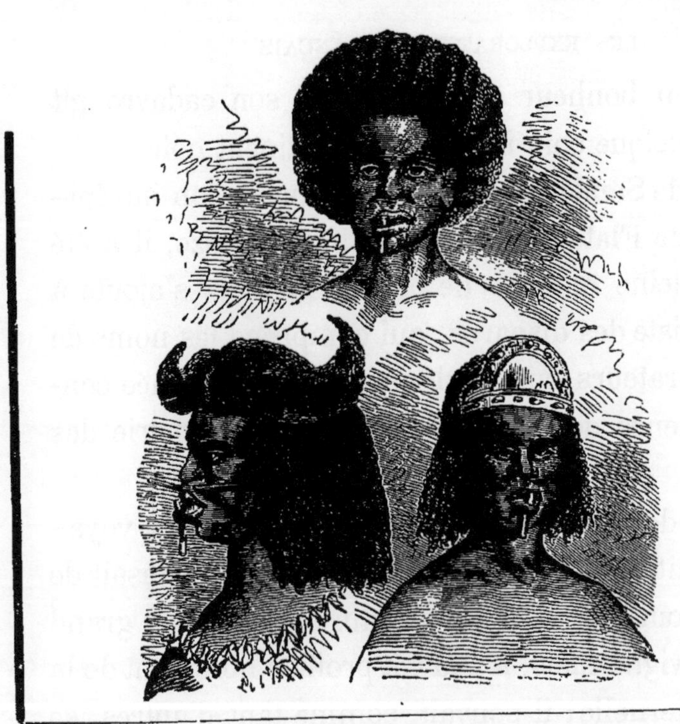

Types de femmes des bords du Niger

XVI

OLIVIER DE SANDERVAL

A la fin de mai 1888, un jeune et déjà illustre explorateur français, Olivier DE SANDERVAL, mourait au champ d'honneur de la science, massacré par des nègres fanatiques, dans le ***Fouta-Djallon,*** qu'il voulait ouvrir au commerce et à l'influence de la France : « C'est avec une profonde émotion que je viens d'apprendre la mort d'Olivier de Sanderval, — écrivait un ami du jeune explorateur au lendemain de l'arrivée de la funèbre nouvelle. Il était parti plein d'espérance; il avait foi dans son œuvre; il comptait sur son courage, sur la constance de son bonheur et maintenant son cadavre gît ignoré en quelque coin inconnu du continent noir.

« Olivier de Sanderval a été la victime de son intrépidité : Comme Flatters, comme l'abbé Debaize, il a été fauché en pleine moisson de héros. Sa mort s'ajoute à la funèbre liste des disparus, qui comprend les noms de tant d'explorateurs vaincus dans leur lutte obstinée contre l'inclémence de la nature et contre la barbarie des hommes !

» Olivier de Sanderval pouvait ne pas être un voyageur. Il avait une immense fortune qui le dispensait de s'en aller courir au loin les aventures. Fils d'un grand industriel avignonnais, il pouvait profiter librement de la richesse paternelle ; il pouvait, comme tant d'autres, se complaîre aux douceurs du repos et du luxe. Mais, jeune encore, il se laissa emporter par le démon des découvertes. Il plaça la gloire, l'amour de la science, au-dessus des jouissances matérielles. Il voulut lever un coin du voile qui cache à nos yeux les mystères de l'immense Soudan ; il tenta d'ouvrir à la civilisation une trouée pour pénétrer au cœur de la citadelle africaine.

» Quand je le vis, il y a trois ans, il pouvait espérer le succès. Il était allé, par la Fouta-Djallon, de l'Atlantique au Niger. Il m'entretint longtemps de ses idées, de ses plans. Il me racontait les grandes lignes de son voyage. De la côte, il avait gagné *Timbo* à travers mille obstacles, malgré la chaleur, malgré les piqûres des mouches et des araignées, malgré la résistance des indigènes, malgré la fièvre. Il avait, à Timbo, été reçu en audience privée par l'*Almamy*, par ses ministres, ses seigneurs, ses dignitaires, ses intimes. Il avait longtemps causé avec le fils du roi, qui, à trente-quatre ans, était déjà père de trente enfants. Il avait déroulé d'interminables palabres avec les habitants du pays pour se concilier leurs bonnes grâces, — et il avait étudié là-bas, comme il disait, la cour et la ville. De Timbo, il avait rejoint la côte, puis était rentré en France. Il aimait à faire connaître Timbo. Il voulait qu'on le suivit au Fouta-Djallon. « L'Europe fera certainement ce voyage, » disait-il, et la civilisation avec elle. Dans trois ans, le » roi de Timbo mangera des cerises de Montmorency, » comme firent autrefois les Romains des figues de » Carthage... »

» Il n'avait pas d'ailleurs couru tant de périls, surmonté tant d'obstacles, par simple dilettantisme, pour contempler rochers, lacs et cascades; il rapportait un projet très étudié, très sérieux de chemin de fer. Il estimait que la France doit au plus tôt entrer en contact avec le Soudan, contrée au sol fertile, pleine de richesses minérales, peuplée de quarante millions d'habitants. Il prouvait, chiffres en main, que la ligne du Sénégal avait *treize cents kilomètres,* et que la ligne de Timbo, pour relier un port de l'Atlantique au Niger, n'en avait que *six cents*. La ligne du Sénégal devait traverser des pays malsains; la ligne de Timbo devait courir à travers des pays granitiques, arrosés par de belles eaux. Il redoutait et signalait les efforts des Anglais qui, depuis 1772, ont cherché le Niger par le Fouta-Djallon. Il avait conclu des traités en règle avec l'Almamy et s'était assuré la propriété d'un territoire de vingt kilomètres de large sur six cents kilomètres de long, la concession de la voie ferrée, le droit de faire le commerce dans la région sans payer d'impôts.

» Le plan était original et hardi : il eût pu réussir, si son promoteur avait vécu. Mais il ne pourra plus le préconiser. Olivier de Sanderval avait quitté le Rio-Nunez au mois de février 1887. Il espérait réaliser la pensée qui domina sa vie ; il comptait se rendre à travers le Fouta-Djallon et le Wassaleu, à Tombouctou, que le lieutenant Caron vient d'aborder en canonnière. Il emportait de riches marchandises — selon son habitude de millionnaire, — pour les échanger. Il a excité la convoitise des indigènes et il a été assassiné. M le capitaine d'infanterie de marine Le Châtelier, qui vient de traverser avec sa compagnie le Fouta-Djallon, de Tiguiberry à Danti, vient d'apporter avec lui la nouvelle, en arrivant à la côte.....

» Il est nécessaire que le souvenir des vaillants et des forts qui sacrifient plaisirs, jeunesse, vie même, à l'accroissement de la grandeur nationale, soit honoré après leur mort, soit sauvé de l'oubli. La renommée des héros — et Olivier de Sanderval était un héros — appartient au patrimoine de la France, et la France ne peut pas, ne doit pas faire bon marché de leur gloire. »

Le mirage dans le désert

XVII

CH. SOLLER

Au moment où nous achevons d'écrire le présent volume, un jeune explorateur français, M. Ch. Soller, parcourt plusieurs de nos villes où, dans de fort intéressantes conférences, il fait connaître les avantages commerciaux qu'offrent à la mère patrie les régions africaines qu'il a parcourues. Il nous paraît équitable de lui attribuer une courte mention en insérant ici le résumé d'une de ces conférences faite à Rouen à la fin du mois de janvier 1889.

Disons tout d'abord que le but poursuivi par le jeune et intrépide explorateur consiste à détourner au profit du commerce français le courant des caravanes du Soudan oriental, qui se rendent de Tombouctou à Goulimim, dans le Maroc, en les attirant vers l'Adrar, dont la capitale, Atar, n'est séparée que par sept jours de marche de l'île d'Arguin, où il s'agirait de créer une factorerie.

Dans son entrée en matière, le jeune voyageur explique comment il a été amené à étudier, puis à visiter, à diverses reprises, la côte occidentale de l'Afrique; à l'aide de quels déguisements, ne sachant pas un mot de la langue du pays, il parcourut le Maroc et gagna le Sahara, et enfin de quelle façon il a pu, lui, jeune médecin, dans un pays où la médecine est très en honneur, être attaché, en 1880, avec de hautes prérogatives, à une expédition anglaise, qui fut d'ailleurs presque entièrement massacrée. Depuis, plusieurs missions lui furent confiées par le gouvernement français, et c'est ainsi qu'il fit partie de la mission de 1887, où fut tué le commandant Schmidt.

M. Soller entre ensuite dans le vif de la question.

Les caravanes, qui viennent de Tombouctou, échangent au Maroc leur ivoire, leur poudre d'or, leurs plumes d'autruche, contre des guinées, de la quincaillerie et divers produits. Ces caravanes ont un stock considérable qui atteint parfois sept cent mille francs. Or, le trajet qu'elles suivent, semé de périls de toute sorte, et qui passe par les déserts sablonneux d'Ed-Djouf et d'Ignidi, présente un parcours de dix-sept cent cinquante kilomètres, où les points d'eau sont rares. Si l'on pouvait attirer ces caravanes vers l'Adrar, elles n'auraient qu'une distance de douze cents kilomètres à parcourir, et leurs produits nous arriveraient indemnes des droits nombreux qu'ils supportent dans le Maroc. Il suffirait pour cela, nous l'avons dit, de prendre possession effective de l'île d'Arguin, située au parallèle d'Atar, un peu au sud et presque en face du cap Blanc, dont elle est séparée par un mouillage excellent, où le poisson abonde.

Depuis longtemps, on a essayé de détourner vers la côte africaine le commerce des caravanes. C'est ainsi qu'en 1870, un Anglais, Mackensie, créa une factorerie au cap Suby, mais il eut beaucoup à souffrir des naturels, ce qui n'est pas à craindre à l'île d'Arguin, puisque les indigènes n'ont pas d'embarcations.

M. Soller a signalé d'une façon amusante les efforts tentés pour créer une prétendue station, la Villa-Cesneros, au rio del Oro, point bien mal nommé s'il en fût, puisqu'il n'y a sur ce point de la côte — comme d'ailleurs entre le cap Suby et le cap Blanc — ni or ni rivière.

L'île d'Arguin offre, au point de vue commercial, un avantage considérable : ce sont ses salines naturelles, dont les pêcheurs tireraient un précieux parti, sans préjudice de la vente du sel, dont manquent totalement les tribus du Soudan, et qui atteint, sur certains points, le prix de 1 fr. 25 le kilogramme.

Il serait donc facile — les travaux du général Faidherbe et de l'amiral Aube l'ont établi, — d'envoyer de là des indigènes, porteurs d'échantillons, à Atar, et d'attirer ainsi à la côte le commerce des caravanes.

La possession de l'île d'Arguin, nous donnerait donc un véritable monopole commercial avec la côte, et la ressource considérable des pêcheries, d'un prix inappréciable, au moment où la situation est faite très difficile à nos pêcheries de Terre-Neuve. Il résulte, en effet, des travaux de M. Sabin Berthelot que, pendant qu'à Terre-Neuve, où la pêche dure quatre mois, on prend environ deux mille morues, à l'île d'Arguin on en prend aisément cinq mille, et la pêche peut s'exercer pendant neuf mois.

Comme on demandait à M. Soller pourquoi l'île d'Arguin est restée si longtemps inoccupée, puisqu'elle offre tant de ressources, le conférencier répondit aussitôt en rappelant les luttes du siècle dernier, les Français reprenant jusqu'à six fois aux Hollandais cette île que le manque d'argent les empêchait de fortifier et de défendre, les guerres de la Révolution qui détournèrent notre attention de la côte africaine, et enfin la légende funèbre jetée sur cette région par le naufrage de la *Méduse,* dont le principal épisode a été immortalisé par Géricault.

M. Soller termine alors en signalant les divers avantages de cette possession et en insistant, au point de vue maritime, sur la profondeur de la passe (cinq mètres en basses eaux), dont l'amiral Aube — alors capitaine de frégate, — a constaté naguère l'existence, et qui, comme il a pu s'en assurer depuis, n'a jamais varié.

Ce fut, en effet, sur les récifs de l'île d'Arguin que périt, le 2 juillet 1816, la frégate la *Méduse.* Cette île de l'Océan atlantique, située dans la baie qui porte le même nom, près de la côte du Sahara, a huit kilomètres de tour. Nous devons cependant remarquer que les récifs qui l'entourent sont généralement considérés comme dangereux pour la navigation. Elle a été découverte par les Portugais, en 1452.

FIN.

TABLE

FIN DE LA TABLE

Limoges. — Eugène Ardant et Cie

www.ingramcontent.com/pod-product-compliance
Ingram Content Group UK Ltd.
Pitfield, Milton Keynes, MK11 3LW, UK
UKHW020310230726
13925UKWH00001B/328